TABLE
DES
EDITS, DECLARATIONS, ARRESTS ET REGLEMENS,

Rendus pendant la sixiéme Année du Bail de Me. NICOLAS DESBOVES.

Commencée le premier Octobre 1737. & finie le dernier Septembre 1738.

CONCERNANT LES CINQ GROSSES FERMES, Domaines d'Occident, Tabac, Commerce & Manufactures.

Tome IX.

A PARIS,

Chez PIERRE PRAULT, Imprimeur des Fermes & Droits du Roy, Quay de Gêvres, au Paradis.

M. DCC. XLIII.

TABLE
DES
EDITS, DECLARATIONS,
ARRESTS ET REGLEMENS.

Rendus pendant la sixiéme année du Bail de Me. NICOLAS DESBOVES.

Commencée le premier Octobre 1737. & finie le dernier Septembre 1738.

CONCERNANT les cinq grosses Fermes, Domaines d'Occident, Tabac, Commerce & Manufactures.

Du premier Octobre 1737.

* LETTRES Patentes du Roy, *enregistrées en Parlement le 31. Mars 1738.* pour l'exécution du Réglement du même jour, concernant les Manufactures, Marque & Visites des Etoffes de Soye, Or & Argent, & autres Etoffes mélangées de Soye, Laine, Poil, Fil & Coton; ensemble la Police de la Communauté des

Maîtres Marchands & Maîtres Ouvriers, travaillant à façon desdites Etoffes, tant dans la Ville & Fauxbourgs de Lyon, que dans les Provinces de Lyonnois, Forest & Beaujollois, *contenant* 208. *articles*, dont le CXLIV. défend aux Collecteurs de l'Impôt du Sel, de saisir ni enlever & vendre les Matieres, Ustenciles & Métiers, servant à la Manufacture de Draps de Soye, Or & Argent de ladite Ville & des dix lieues aux environs, pourvû qu'ils servent actuellement ausdites Fabriques; & à tous Huissiers de faire lesdites saisies, à peine d'interdiction de leurs Charges, cinq cens livres d'amende & de tous dépens, dommages, intérêts; & l'article CCVIII. ordonne que les Registres de toute espece qui seront tenus dans le Bureau établi à Lyon, pour la Visite des Etoffes, seront en papier non timbré, & renouvellés tous les ans.

Du premier Octobre 1737.

Arrest du Conseil, qui ordonne avant faire droit sur la demande en cassation d'un Jugement rendu par M. l'Intendant de Bordeaux, du 21. Aoust précedent, qui a adjugé des dommages intérêts, au nommé Jean Touya, Commis ou garçon du sieur la Favre Négociant, demeurant aux Chartrons, malgré les insultes par lui faites dans le Bureau des Fermes, tant au Fermier général de tournée qu'aux Employés; que la Requête de l'Adjudicataire des Fermes générales sera communiquée audit Touya, pour y fournir de réponse dans deux mois, toutes choses jusqu'à ce demeurant en état.

Du premier Octobre 1737.

Arrest du Conseil, qui ordonne que la somme de dix-sept mille six cens onze livres seize sols, à laquelle se trouvent monter les effets restans au premier Janvier 1733. & les avances faites par Pierre Carlier, ci-devant Adjudicataire général des Fermes, pour la Ferme du Domaine d'Occident, aux Isles de la Martinique, de la Guadeloupe, & en Canada, sera remboursée audit Carlier, sur ses quittances comptables, par le Trésorier de la Marine, sur les ordres qui seront à cet effet donnés par le Sieur Comte de Maurepas Sécretaire d'Estat, ayant le Département de la Marine.

Du 8. *Octobre* 1737.

Arrest du Conseil, qui évoque & renvoye pardevant le Sieur Colleau, Président de la Commission établie à Valence, les Instances pendantes en l'Election de Grenoble, contre les nommés Claude Emtat, Pierre Chartre, Claude Chartre, & François Dovier; les nommés Jean Guichon, Claude Pilot, François Franchises, & François Garavel, tous soupçonnés de faire le commerce de faux Tabac : à l'effet d'être par lui, lesdites Instances, instruites & jugées en dernier ressort, conformément à l'Arrest du Conseil du 31. Mars 1733.

Du 12. *Octobre* 1737.

* Ordonnance de Mr. le Lieutenant Général de Police, qui condamne à l'amende plusieurs Particulieres, pour avoir été trouvées vêtuës d'Indienne.

Du 15. *Octobre* 1737.

* Arrest du Conseil, qui ordonne que les Officiers des Jurisdictions des Traittes, jouiront des mêmes Priviléges, dont jouissent les Officiers des Greniers à Sel, en conséquence de l'Arrest du Conseil du 29. Septembre 1722. ce faisant, qu'ils seront taxés d'Office à la Taille par Mrs. les Intendans ; défend aux Collecteurs de les comprendre dans lesdits Rolles des Tailles, ni d'exiger & imposer à autres ni plus fortes sommes lesdits Officiers des Traittes, que celles ausquelles ils auront été taxés, à peine d'en demeurer responsables en leur propre & privé nom : ordonne en outre, que lesdits Officiers seront exempts de la Collecte des Tailles, avec défenses de les nommer Collecteurs, à peine de nullité & de tous dépens, dommages & intérests.

Du 16. Octobre 1737.

* Arrest de la Cour des Monnoyes, qui confisque des Sols de Lorraine, trouvés sur le nommé Louis Curelle, entrant dans Paris, par la Barriere de Montreuil, & le condamne en trois mille livres d'amende; & fait défenses d'exposer & recevoir en payement des Especes de Billon & de Cuivre de Lorraine, ou autres de Fabriques étrangeres, à peine de confiscation & de cinq cens livres d'amende, & de faire entrer lesdites Especes dans le Royaume, à peine de pareille confiscation & de trois mille livres d'amende.

Du 19. Octobre 1737.

* Arrest du Conseil & Lettres Patentes, qui confirment les Arrests & Lettres Patentes des 20. Janvier & 6. May 1674. & 9. May 1703. concernant les Marchés du Neufbourg, & ordonnent que les Marchands de la Province de Normandie, & tous autres, seront tenus de conduire leurs Bœufs & autres Bestiaux audit Neufbourg, & d'y tenir Marché le Mardy; avec défenses de les détourner & de les conduire par d'autres endroits à six lieues à la ronde, à peine de confiscation desdits Bestiaux, dommages & intérests : ordonnent en outre, que le Marché, pour les Marchandises & Denrées, se tiendra les Mercredys de chaque semaine, avec le Tarif des Droits dûs & accoûtumés être payés ausdits Marchés.

Du 20. Octobre 1737.

Arrest du Conseil, qui rectifie deux erreurs glissées dans l'état général arrêté en icelui, le 14. Septembre 1728. des effets restans dans les Greniers, Dépôts & Bureaux des Fermes, appartenans au Roy, comme provenans de la Regie faite desdites Fermes, sous le nom de Charles Cordier, lesquels ont été remis à Pierre Carlier par Louis Bourgeois, subrogé audit Cordier; & en conséquence ordonne que ledit Carlier, Adjudicataire des Fermes générales du Bail commencé au premier

Octobre 1726. remettra au Trésor Royal, la somme de deux cens treize mille huit cens quatre-vingt-sept livres quinze sols un denier, pour la valeur des sacs de la Saquerie de Nantes, & effets laissés dans les Bureaux du Domaine d'Occident en Canada, au moyen dequoi ledit Carlier demeurera déchargé de la somme de cent huit mille quinze livres onze sols, à laquelle montent les effets de la Saquerie de Nantes, obmis en l'état arrêté le 14. Septembre 1728. & de celle de cent cinq mille huit cens soixante & onze livres dix-neuf sols un denier, pareillement obmise audit état général, sur les effets du Canada.

Du 22. Octobre 1737.

Arrest du Conseil, qui confisque au profit de Nicolas Desboves, Adjudicataire des Fermes générales unies, cent quinze Balots de Chiffes ou vieux Linge, pesant quatorze mille cinq cent livres, saisis le 22. Janvier précedent, sur les nommés Jean Girard & Jean le Galois; ensemble le Bateau le Saint Yves de Saint Servan, par les Employés du Bureau de Saint Malo, faute par lesdits Girard & le Galois, d'avoir pris un Congé au Bureau, ni Acquit de payement ou à Caution.

Du 22. Octobre 1737.

Arrest du Conseil, qui permet au Capitaine Pierre Cantot, Commandant du Navire la Purification, de faire dans le Port de Nantes, le déchargement des Marchandises qu'il a embarquées dans l'Isle de Cayenne, provenantes d'un Navire qui y a été déclaré innavigable, & décharge, par grace, & sans tirer à conséquence, le sieur Guillaume Sauvage, Proprietaire & Armateur dudit Navire, de la soumission par lui faite au Greffe de l'Amirauté de Bordeaux, ainsi que des peines établies par l'article II. des Lettres Patentes du mois d'Avril 1717. servant de Réglement pour le Commerce des Isles.

Du 22. Octobre 1737.

* Instruction pour l'usage du Nouveau Plomb, dans tous

les Bureaux des Fermes du Roy : ordonné par Décision du Conseil du 22. Octobre 1737. pour réprimer les abus qui se commettent sur les Balots de Marchandises de toutes especes, plombés ausdits Bureaux, avec les Plombs dont on s'est servi jusqu'à présent, par la facilité qu'il y a de défaire & racommoder les cordes & ficelles, & lesdits Plombs qui y sont attachés.

Du 22. Octobre 1737.

Arrest du Conseil, qui en casse un de la Cour des Aydes de Paris, du 30. Juillet précedent, pour avoir reçu le nommé Henry Gigot, Marchand Batelier, appellant d'une Ordonnance de Mr. de Sechelles, Intendant en Haynault, du 25. Juin 1737. par laquelle ledit Gigot a été condamné en cinq cens livres d'amende, & en la confiscation de vingt-deux millers de Plomb non déclaré au Bureau d'Hermeton & saisi en celui de Givet; ensemble trois Nacelles & du Charbon & Planches, servant à couvrir la fraude, & ordonne l'exécution de ladite Ordonnance.

Du 29. Octobre 1737.

* Arrest du Conseil, qui proroge pendant un an, à compter du premier Octobre 1737. la modération portée par celui du 22. Aoust 1730. sur les Beurres & Fromages provenant du crû du Royaume, qui se transportent d'une Province dans une autre, & les réduit pendant ledit temps à la moitié, à l'exception des Péages ordinaires, qui continuëront d'être levés en la maniere accoutumée.

Du 2. Novembre 1737.

* Arrest du Conseil, qui ordonne que les Toiles, Batistes & Linons, Demi-Hollandes & autres especes de Toiles, de quelques sorte & qualité qu'elles puissent être, qui auront été fabriquées jusqu'au dernier Décembre 1737. tant dans les Provinces de Picardie, d'Artois, du Haynault, de la Flandre Françoise & du Cambresis, que dans les Généralités de Paris

& de Soissons, seront quinze jours après la publication du présent Arrest, & jusqu'au 15. Janvier de l'année 1738. marquées dans les Bureaux établis dans les Villes & lieux desdites Provinces & Généralités, à la tête & à la queuë de chaque Piece, d'une Empreinte, contenant ces mots, *Marque en écru* 1737. après néanmoins qu'elles auront été visitées, & marquées de la Marque de visite de l'un desdits Bureaux, si elles sont trouvées fabriquées, conformément aux Réglemens.

Et fait défenses aux Fabriquans, Tisserands ou Mulquiniers, aux Courtiers, Commissionnaires & autres, d'exposer en vente, ni vendre, & aux Marchands d'acheter & de garder dans leurs Boutiques & Magasins, aucunes desdites Toiles; comme aussi aux Blanchisseurs, d'en recevoir aucunes pour blanchir, qu'elles n'ayent la Marque ordonnée par le présent Arrest, ou celle du Fabriquant, Tisserand ou Mulquinier, ordonnée par l'Arrest du Conseil du 16. May 1737. sous les peines portées par ledit Arrest.

Du 5. Novembre 1737.

* Arrest du Conseil, qui décharge Armand Pillavoine, cidevant Adjudicataire des Fermes générales unies, de toutes assignations & autres poursuites faites ou à faire, pour raison de l'exploitation de son Bail; & ordonne que ses Cautions, ainsi que Pierre Vaquier, qui lui a été subrogé, ne pourront être assignés qu'en leur domicile à Paris, ni traduits ailleurs qu'en la Cour des Aydes, pour le même fait: sans que les Receveurs & autres redevables, contre lesquels il sera décerné des Contraintes, pour raison de leurs débets, y puissent former opposition ni se pourvoir ailleurs qu'en ladite Cour, à peine de nullité, cassation de procedure, & de cinq cens livres d'amende, & de tous dépens, dommages & intérêts.

Du 5. Novembre 1737.

Arrest du Conseil, qui commet le sieur de Pontcarré de Viarme, Intendant en la Province de Bretagne, pour instruire & juger souverainement & en dernier ressort le procès aux auteurs, complices, fauteurs, participes ou adhérans des voyes de fait & de l'émotion arrivée au lieu appellé Pontrot, près la Ville de la Roche en Basse-Bretagne, à l'occasion d'un chargement de bleds qui se faisoit dans le Navire *la Nativité*, de Brechat, pour être transportés à Bordeaux.

Du 5. Novembre 1737.

Arrest du Conseil, qui conformément à l'avis de M. l'Intendant de la Généralité de Poitiers, ordonne que la Jurisdiction des Traittes établie dans la Ville de Fontenay-le-Comte, pour les Bureaux de la Seure Nantoise, sera transférée dans la Ville de Châtillon, ci-devant appellée Mauleon, à l'effet de quoi les Officiers du Duché de Châtillon prendront des Commissions du grand Sceau pour exercer les fonctions de Juges des Traittes, de la même maniere que les exerçoient ceux de Fontenay-le-Comte, laquelle Jurisdiction sera composée des Bureaux de la Pommeraye, S. Amant, Malievre, Mortagne & Tiffauge.

Du 5. Novembre 1737.

Arrest du Conseil, & Lettres Patentes *registrées au Parlement de Toulouze le* 13. *Décembre* 1737. qui autorisent Nicolas Desboves, adjudicataire des Fermes générales, à acquerir, tant pour lui que pour ses successeurs à la Ferme du Privilege exclusif de la vente du Tabac dans tout le Royaume; sçavoir, du sieur Pierre Jacob une maison sise à Toulouse ruë de la Pomme, dans laquelle est présentement la Manufacture de Tabac, & en l'état qu'elle est, au prix, & moyennant une rente annuelle fonciere & non rachetable de 1500 livres, payable toujours une année d'avance, quitte de taille & de toutes autres charges sur ladite maison, s'il y en a. Et du sieur Jean-Baptiste de Progen, trois petites maisons sises aussi à Toulouze ruë de la Pomme, & contiguës à la maison du sieur Jacob, en l'état qu'elles sont, au prix, & moyennant une rente annuelle fonciere, & non rachetable, de 350 liv. payable toujours

toujours une année d'avance, & quitte de toutes charges sur lesdites maisons; & ordonnent que ledit Desboves passera tous les actes & titres pour ce nécessaires, dont il remettra à l'expiration de son bail des expéditions en bonne & dûe forme au Fermier qui lui succedera à ladite Ferme du Tabac, lequel pendant son bail aura la même joüissance desdites maisons, & sera tenu d'acquitter les rentes qui auront été à cet effet constituées.

Du 5. Novembre 1737

Arrest du Conseil, qui suspend, à compter du premier Décembre 1737. la permission accordée par les Arrests des 4 Juin, 27 Août & 17 Septembre précédens, de transporter les grains de la Province de Bretagne hors du Royaume.

Du 12. Novembre 1737.

Arrest du Conseil, qui commet M. Barentin, Intendant & Commissaire départi en la Généralité de la Rochelle, pour instruire & juger souverainement & en dernier ressort avec les Officiers de l'Amirauté, & le nombre de Graduez qu'il voudra choisir suivant l'Ordonnance, le procès aux nommez Brissaud fils, Négociant à S. Jean d'Angely, & Cayoux son Commissionnaire, demeurant à la Rochelle, leurs complices & participes, tant pour raison de la manœuvre qu'ils ont pratiquée pour simuler au Port de la Rochelle un chargement de 204 grosses Barriques d'eau-de-vie sur un prétendu Vaisseau nommé Catherine Bristock, du port de 70 tonneaux, pour lequel ils ont faussement fabriqué un connoissement & une Facture, que pour celles dont ils pourront se trouver prévenus, circonstances & dépendances; évoque & renvoye pardevant ledit sieur Intendant les procedures qui pourroient avoir été commencées pour raison de ce en quelque Jurisdiction que ce soit, &c.

Du 12 Novembre 1737.

Arrest du Conseil, qui permet au Capitaine Pierre-Michel, Commandant du Navire le Sara & Isaac, de faire à Bordeaux le déchargement des Marchandises qu'il a embarquées aux Colonies pour ledit Port, & décharge par grace, & sans tirer à conséquence le sieur David Chauvel, Proprietaire dudit Navire, de la soumission par lui faite au Greffe de l'Amirauté du Havre, des peines portées par l'Article II. des Lettres Patentes du mois d'Avril 1717. servant de Réglement pour le Commerce des Isles.

Du 13. Novembre 1737.

* Déclaration du Roi, *registrée au Parlement de Bordeaux, le 12 Décembre* 1737. qui ordonne l'enregistrement au Greffe de l'Amirauté de Bayonne, de tous Contrats à la grosse avanture, faits avec les Négocians de ladite Ville & des autres lieux du pays de Labour.

Du 17. Novembre 1737.

Résultat du Conseil, portant bail des Fermes générales unies, & de celle du Tabac, sous le nom de M. Jacques Forceville, pour six années, à commencer du premier Octobre 1738. pour les grandes & petites Gabelles, cinq grosses Fermes, droits sur les Huiles, Savons & droits y joints, & du Privilege de la vente exclusive du Tabac, & du premier Janvier 1739. pour les Domaines de France, Contrôle des Actes, Petits Scels, Insinuation, Centiéme denier, Greffes, Amortissemens, Francfiefs, Nouveaux acquets & Droits y joints, & Domaine d'Occident en France, le tout aux prix, charges, clauses & conditions y portées.

Du 24 Novembre 1737.

* Arrest du Conseil, par lequel le Roi déclare n'avoir entendu

comprendre le Marché du Poids-le-Roi de la Ville de Versailles dans les deffenses portées par la Déclaration du 8 Septembre précédent, & en conséquence permet aux Marchands Boulangers de la Ville & Fauxbourgs de Paris, de continuer d'acheter audit Marché des Farines pour leur approvisionnement, ainsi que par le passé.

Du 26. Novembre 1737.

Arrest du Conseil, portant que le sieur Duhoux-Baudoin, Sous-Fermier des droits de la Traitte domaniale & Poids au Duc de la Ville de Rennes, justifiera des titres en vertu desquels il prétend percevoir lesdits droits sur toutes les Marchandises qui sortent de la Province de Bretagne, quoiqu'elles ne passent point par la Ville de Rennes, sinon lui deffend d'en continuer la perception.

Du 26. Novembre 1737.

Arrest du Conseil Royal des Finances de Lorraine & de Bar, qui permet aux Commis, Gardes & autres Employez des Fermes de France, de poursuivre les Contrebandiers, Faux-sauniers & Fraudeurs, sur les Etats de Lorraine & Barrois, lorsqu'ils s'y refugieront, & en cas d'avis y faire toutes les recherches & perquisitions, attaquer, poursuivre & arrêter lesdits Contrebandiers, Faux-sauniers & fraudeurs par tout où ils les trouveront, & en quelques endroits qu'ils se retirent; saisir les effets & Marchandises, Chevaux, harnois & équipages & autres choses à eux appartenans, & poursuivre les condamnations & confiscations, soit devant les Juges de France, soit devant ceux de Lorraine & Barrois, ainsi qu'ils aviseront; à l'effet de quoi ordonne à tous Géolliers & Concierges des prisons de recevoir les prisonniers qu'ils constitueront, desquels ils demeureront dûement chargez & responsables, & à tous les Juges de Lorraine & Barrois qui connoissent des droits des Fermes, tant en premiere instance que par appel, d'admettre, reconnoître, proceder & juger sur les procès verbaux, faits & dressez par les Gardes, Commis & Employez des Fermes de France, comme ils pourroient proceder & juger sur ceux faits & dressez par les Commis, Gardes & Employez des Fermes de Lorraine & Barrois.

Du 26. Novembre 1737.

Arrest du Conseil, qui commet le sieur Colleau, Lieutenant Criminel au Bailliage & Siége Présidial de Melun, & Président de la Commission établie à Valence, pour instruire & juger souverainement & en dernier ressort le procès au nommé Benoît Coste, dit Foüille-au-pot, tant pour raison des faits de contrebande qui ont donné lieu au Decret décerné contre lui par ledit sieur Colleau, que pour raison de son évasion des Galeres, ausquelles il avoit été condamné par jugement de M. l'Intendant du Duché de Bourgogne, du 25 Septembre 1726. & aux complices, fauteurs, participes ou adhérans des faits de contrebande dont ledit Benoît Coste, dit Foüille-au-pot est accusé, circonstances & dépendances, conformément aux Arrests d'établissement de ladite Commission des 31 Mars & 21 Juillet 1733.

Du 27. Novembre 1737.

* Ordonnance de M. le Lieutenant Général de Police, qui condamne à l'amende plusieurs Particulieres pour avoir été trouvées vêtues d'Indienne.

Du 3. Décembre 1737.

* Arrest du Conseil, qui ordonne l'exécution des Articles XXXV. XXXVI. & XXXVII. du titre commun pour toutes les Fermes de l'Ordonnance du mois de Juillet 1681. en conséquence casse & annulle la procedure faite à la Requête du Procureur du Roi du Châtelet de Paris, ensemble le decret de prise de corps décerné par le Lieutenant Criminel dudit Châtelet, tant contre François Saclet, qu'autres commis aux entrées de Paris, & tout ce qui s'en est ensuivi; fait deffenses audit Procureur du Roi de faire aucunes poursuites; & audit

Lieutenant Criminel de rendre de pareils decrets, ni de connoître des affaires concernant les Fermes du Roi, sauf aux parties à se pourvoir pardevant les Officiers de l'Election, & par appel en la Cour des Aydes, & ordonne que ledit Saclet sera élargi & mis hors des prisons du grand Châtelet de Paris.

Du 4. Décembre 1737.

* Arrest de la Cour des Aydes, qui donne acte à Nicolas Desboves, adjudicataire des Fermes générales unies, de ses offres de donner au sieur Desmazets, Ecuyer, Seigneur de Saillac, une décharge du cautionnement par lui fourni pour le sieur Poirsin, Directeur des Fermes, aux charges des apostilles du compte dudit sieur Poirsin, & de l'état final d'icelui, & sur le surplus des demandes dudit sieur de Saillac, tendantes à ce que les biens affectez au cautionnement soient déchargez de tout hipotheque, &c. met les parties hors de Cour sans dépens.

Du 7. Décembre 1737.

* Arrest du Conseil, en interprétation des Articles VII. XVIII. & XIX. du Réglement du 8. Mai 1736. concernant les Fabriques de Toiles de la Généralité de Lyon, & des Provinces de Charollois, Maconnois, Bresse, Bugey, Valromey & pays de Gex, *contenant quatre Articles.*

Du 8. Décembre 1737.

* Lettres Patentes, *registrées au Parlement de Paris le* 31. *Décembre* 1737. *& en celui de Bretagne le* 2. *Janvier* 1738. portant que les Congés, Passeports, Commissions, Attaches & autres Expeditions de l'Amirauté, & que Mr. l'Amiral a droit de signer, seront signées d'une Estampe, dont l'Empreinte contiendra les Carractéres L. J. de Bourbon, pour y avoir recours, quand besoin sera, quoi faisant, lesdites Expeditions, ainsi signées desdits Carractéres, vaudront & seront reconnues, sans difficulté, dans tous les Ports & Havres de la Domination du Roy, tout ainsi que si elles étoient signées de la main

de Mr. l'Amiral; & afin qu'aucun abus ne puisse être fait de ladite Estampe, ordonne qu'elle sera remise & déposée entre les mains du Sécretaire général de la Marine, pour signer avec lesdits Caractéres, toutes les Expeditions de la Marine, & ce, jusqu'à ce qu'il en soit autrement ordonné.

Du 10. Décembre 1737.

* Arrest du Conseil, portant que les Commis préposés pour la délivrance des Congés & Passeports, que Mr. l'Amiral de France a droit de faire expedier, continueront de délivrer aux Navigateurs, tant François qu'Etrangers, dans tous les Ports du Royaume, jusqu'à la fin de l'année 1738. les Congés & Passeports imprimés, timbrés, scellés & cachetés, au nom de Mr. le Comte de Toulouse, Amiral de France, & qu'il en sera usé de même dans tous les Ports des Colonies Françoises, jusqu'à la fin de l'année 1739.

Du 13. Décembre 1737.

* Arrest contradictoire de la Cour des Aydes, qui ordonne l'exécution de la Sentence rendue par les Juges des Traittes foraines de Roanne, contre André Despalles, le 28. Juin 1736. déboute ledit Despalles de son appel de ladite Sentence, faute par lui d'avoir consigné l'amende, & mis son appel en état d'être jugé dans les neuf mois, conformément à l'article XLVIII. du titre commun de l'Ordonnance des Fermes du mois de Juillet 1681.

Enjoint aux Officiers des Traittes de Roanne, de se conformer aux dispositions des Déclarations des 17. Février 1688. & 30. Janvier 1717. en conséquence leur fait défenses d'appointer en matiere Civile les Causes où il s'agira des Droits des Fermes, si ce n'est en cas de Privilége; mais seulement d'ordonner un simple déliberé, lorsqu'il sera nécessaire de voir les Pieces, pour le prononcer à la prochaine Audience, sans pouvoir prétendre aucunes épices ni vacations; & pour leur contravention, les condamne à la restitution des épices & conclusions par eux prises.

Du 16. Décembre 1737.

* Sentence des Officiers de l'Amirauté d'Abbeville, portant Réglement sur le nombre des Pilotes Lamaneurs du Port du Crottoy, & fixe les salaires qui doivent leur être payés.

Du 17. Décembre 1737.

* Arrest du Conseil, qui autorise le sieur Parisel, Inspecteur de la Halle aux Draps, à constater par des Procès-verbaux, les contraventions qu'il observera dans les visites qu'il fera des Draps & Etoffes, sur lesquels Procès-verbaux les contrevenans seront poursuivis pardevant Mr. le Lieutenant de Police, à la diligence des Gardes des Marchands, &c.

Du 17. Décembre 1737.

* Arrest du Conseil, qui ordonne que les Huiles de la côte d'Italie, connue sous le nom de la Riviere de Gênes, venant directement dans les Ports des cinq grosses Fermes payeront, pour Droits d'entrée trois livres par Quintal ou cent pesant, au lieu de vingt-cinq sols, à quoi revient le Droit imposé par le Tarif de 1664. & ce, indépendemment du Droit de la Ferme particuliere des Huiles, qui continuera d'être perçû à l'ordinaire, avec les quatre sols pour livre dudit Droit.

Du 17. Décembre 1737.

Arrest du Conseil, portant qu'il sera payé annuellement au Trésor Royal, par l'Adjudicataire des Fermes générales unies, une somme de cinquante mille livres, laquelle sera remise à la Compagnie des Indes, pour l'indemniser de la perte qu'occasionne à son Privilége exclusif du Caffé, l'introduction & la consommation dans le Royaume, de celui provenant du crû des Isles Françoises de l'Amérique, en payant dix livres du cent pesant au profit de la Ferme générale, conformément à l'Arrest du 29. May 1736.

Du 17. Décembre 1737.

Arrest du Conseil, qui à défaut, par le nommé Jaume Jalpy Catalan, Patron d'une Barque, dite le St. Antoine, saisie sur lui, avec des Etoffes des Indes, par les Commis de la Brigade des Fermes, postée au Cap de St. Peyre, le 19. May 1736. dont main-levée lui a été accordée par grace & sans tirer à conséquence, par Arrest du 3. Septembre 1737. de retirer lesdits effets saisis; autorise Nicolas Desboves, Adjudicataire des Fermes générales unies, à faire vendre lesdits effets, en observant par ledit Desboves les formalités prescrites par les articles X. & XVII. du titre XI. de l'Ordonnance des Fermes, du mois de Février 1687. pour les deniers qui proviendront de ladite vente, être remis audit Jalpy.

Du 24 Décembre 1737.

* Arrest du Conseil, portant qu'à l'avenir il ne sera perçû aucun Droit de Massicault sur les Vins, qui ne feront que traverser la Ville ou banlieuë de Rouen en passe de bout; & ordonne que ledit Droit continuera d'être perçû sur les Vins, qui après avoir été entreposés ou exposés en vente à Rouen, sortiront de ladite Ville & banlieuë.

Du 24. Décembre 1737.

* Arrest du Conseil, qui permet aux Tissiers ou Tisserands en Toiles, de fabriquer, vendre & débiter des Droguets, Bauges, Tiretaines & autres Etoffes grossieres, dont la chaîne sera composée de Lin ou de Chanvre, & la trame de Laine; à la charge par eux de se conformer aux Réglemens des Manufactures, pour les largeurs, longueurs, Visites & Marques desdites Etoffes.

Du 7. Janvier 1738.

* Déclaration du Roy, qui ordonne que le doublement des Droits du Domaine & Barrage & Poids-le-Roy de Paris; le Droit

Droit d'augmentation ou rehaussement du Sel qui se consomme & distribuë dans l'intérieur de la Province de Franche-Comté, les Droits de Courtiers-Jaugeurs, ceux des Inspecteurs aux Boucheries & aux Boissons, & deux sols pour livre d'iceux, & les Droits manuels sur les Sels continueront d'être levés & perçus jusqu'au dernier Septembre 1744. ensemble les anciens & nouveaux deux sols pour livre des Droits des Fermes jusqu'audit jour, pour les parties desdites Fermes, dont l'année finit audit jour, & jusqu'au dernier Décembre de ladite année, pour la Ferme des Domaines, Controlle des Actes des Notaires & sous signatures privées, Petits sceaux, Insinuations Centiéme denier, Greffes, Formules dans les Provinces où les Aydes n'ont point cours & autres Droits joints à la Ferme des Domaines qui y sont sujets, le tout conformément aux Edits & Déclarations, qui ont établi & prorogé tous lesdits Droits; proroge aussi la levée & perception des Droits reservés dans les Cours, Chancelleries, Présidiaux, Bailliages & autres Siéges & Jurisdictions, jusqu'audit jour dernier Décembre 1744. à l'exception de ceux éteints & supprimés par la Déclaration du 3. Aoust 1732. & à la réduction aux trois quarts & moitié, & conditions y portées.

Registrée aux Parlement, Chambre des Comptes & Cour des Aydes de Paris, les 14. & 30. Janvier, & 12. Mars 1738.

Au Parlement de Toulouse le premier Avril, à celui de Grenoble le 27. Mars, à celui de Bordeaux le , à celui de Dijon le 26. Mars, à celui de Rouen le , à celui d'Aix le à celui de Pau le 27. Mars, à celui de Rennes le 24. Mars, à celui de Metz le 13. Mars, à celui de Besançon le 20. Mars, à celui de Flandres le 14. Mars, à la Chambre des Comptes de Grenoble le , à la Cour des Aydes de Rouen les 13. & 14. Mars, à celle d'Aix le 23. Avril, à celle de Dole le 10. Mars, à celle de Montpellier le 22. Mars, à celle de Bordeaux le 22. Mars, à celle de Clermont Ferrand le , à celle de Montauban le , au Conseil Supérieur de Colmar le 14. Mars, & à celui de Roussillon le 15. Mars 1738.

Du 7. Janvier 1738.

* Arrest du Conseil, qui en casse deux de la Cour des Aydes de Paris, des 20. Septembre & 12. Décembre 1737. par lesquels plusieurs faux Tabatiers, avoient été reçus appellans de Sentences de conversion des amendes par eux encouruës, en la peine des Galeres, sous prétexte qu'ils étoient domiciliés; & ordonne l'exécution des deux Sentences de l'Election de Beauvais, qui avoient prononcé lesdites conversions, faute de payement ou consignation desdites amendes.

Du 14. Janvier 1738.

* Lettres Patentes, sur le Réglement du même jour, pour la Fabrique, Visite, Marque & Aunage des différentes sortes de Toiles, Canevats & Coutils qui se font dans la Généralité d'Alençon. *Registrées en Parlement le 31. Mars* 1738. contenant 103. articles, dont les XCI. & XCVII. dispensent de la formalité du Timbre, les Registres qui doivent être tenus par les Auneurs & les Curandiers ou Blanchisseurs; & le CII. ordonne que les Procès-verbaux de nomination des Gardes-Jurés, & les expeditions qui pourront en être faites, seront aussi exempts d'être mis en papier timbré, ainsi que du Droit de Controlle, ni à aucune sorte de Droits, de quelque nature qu'ils puissent être.

Du 21. Janvier 1738.

Arrest du Conseil, qui nomme Mr. Fagon Conseiller d'Estat ordinaire & au Conseil Royal, Intendant des Finances, Mrs. de Baudry, de la Houssaye, Trudaine & Orry de Fulvy, Conseillers d'Estat, Intendans des Finances, pour en leur présence, au nombre de trois au moins, être procedé aux publications & adjudications des Sous-Fermes des Droits, qui font partie de ceux compris au Bail fait à Jacques Forceville & à ses Cautions, par Résultat du Conseil du 17. Novembre 1737.

Du 21. Janvier 1738.

* Arrest du Conseil, qui ordonne, qu'à commencer du premier desdits mois & an, jusqu'au premier Janvier 1739. les Bœufs, Vaches, Moutons, Agneaux, Boucs, Chévres, & Chévrotins qui viendront des Pays étrangers dans le Royaume, seront & demeureront déchargés de tous Droits, tant des cinq grosses Fermes qu'autres, dépendans de la Ferme générale, qui se payent aux entrées des Provinces frontieres ; & que lesdits Bestiaux, ensemble ceux qui ont été élevés & nourris dans le Royaume, seront & demeureront déchargés pendant ledit tems, des Droits d'entrée & de sortie, tant des cinq grosses Fermes qu'autres, dépendans de la Ferme générale, à leur passage des Provinces reputées étrangeres, dans celles de l'étendue des cinq grosses Fermes, ou desdites Provinces des cinq grosses Fermes, dans celles reputées étrangeres; renouvelle les défenses de faire sortir du Royaume aucuns Bestiaux de toutes especes, à peine de confiscation, de trois mille livres d'amende, & autres peines portées par les Arrêts des 16. Juin 1711. 15. Mars 1712. 19. Janvier 1715. 30. Avril 1716. & 17. Juin 1717. & excepte desdites défenses les Bestiaux du Pays de Gex, dont la sortie est permise, par l'Arrest du 4. Janvier 1718. les Bœufs & Vaches, qui pourront passer de la Flandre Françoise dans les Châtellenies d'Ypres, Furnes & Furnemback, en payant les Droits du Tarif de 1671. conformément à l'Arrest du 5. Septembre 1713. ainsi que les Bestiaux des Généralités de Montauban & d'Auch, qui pourront continuer d'être commercés sur la frontiere d'Espagne, en payant les Droits ordinaires, suivant l'Arrest du 24. Juillet 1717. à condition de passer dans les Bureaux y désignés.

Du 28. Janvier 1738.

Arrest du Conseil, qui déboute les Marchands de la Ville de Strasbourg, & de la Province d'Alsace de leur demande, tendante à jouir de la liberté du commerce des Tabacs du crû d'Alsace, nonobstant les dispositions portées par les articles

XII. XIII. & XXI. de l'Arrest du Conseil du 11. Décembre 1736. portant Réglement général pour le commerce du Tabac, dans l'étendue du Comté de Bourgogne.

Du 28. Janvier 1738.

Arrest du Conseil, qui fait main-levée de quatre-vingt onze Balles de Laines pélades, venant de Marseille, saisies sur les sieurs Perrier, Teissier & Sans, au mois de Mars 1735. dans les Bureaux d'Agde & de Cette, en payant les Droits du Tarif de la Douane de Lyon, à raison de huit sols du cent pesant.

Du 4. Février 1738.

* Arrest du Conseil & Lettres Patentes, qui permettent aux Commis & Employés des Fermes de Lorraine & de Bar, de poursuivre les Contrebandiers, Faux-Sauniers, & autres Fraudeurs, qui se réfugieront sur les Terres de France, enclavées, ou limitrophes des Estats de Lorraine & Barois; & en cas d'avis, y faire toutes recherches & perquisitions, attaquer, poursuivre & arrêter lesdits Contrebandiers, Faux-Sauniers & Fraudeurs, partout où ils les trouveront, & en quelqu'endroit où ils se retirent, saisir leurs effets & Marchandises, Chevaux, Harnois & Equipages, & toutes autres choses à eux appartenant; comme aussi poursuivre les condamnations & confiscations, soit devant les Juges de Lorraine & Barois, soit devant ceux de France, ainsi qu'ils aviseront; à l'effet dequoi, tous Geolliers & Concierges des Prisons, seront tenus de recevoir les Prisonniers que lesdits Employés y constituëront, desquels ils demeureront chargés & responsables, avec injonction à tous Juges, à qui la connoissance des Droits des Fermes appartient, tant en premiere instance, que par appel, d'admettre, reconnoître, proceder & juger sur les Procès-verbaux faits & dressés par les Commis, Gardes & Employés des Fermes de Lorraine & Barois, ainsi & de même qu'ils pourroient proceder & juger sur ceux faits & dressés par les Commis, Gardes & Employés de France.

Registrées à la Cour des Aydes de Paris le 25. Février 1738. au

Parlement de Metz le 24. à & la Cour des Comptes, Aydes, Domaines & Finances de Dole, le 27. desdits mois & an.

Du 4. Février 1738.

Arrest du Conseil, qui en casse un de la Cour des Aydes de Bordeaux, du 19. Aoust 1737. pour avoir modéré à trois cens livres seulement, deux amendes, l'une de mille livres, & l'autre de quinze cent livres, prononcées par les premiers Juges, contre les nommés Soulet & Audriche, chez lesquels il avoit été saisi du faux Tabac & des Etoffes des Indes; & ordonne l'exécution des Sentences de l'Election, & du Juge des Traittes des 26. Février & 13. Mars 1737.

Du 4. Février 1738.

Arrest du Conseil, qui fait main-levée au nommé Jean Mesnil, Capitaine du Brigantin, la Rançon, de dix-huit douzaines de Pipes à fumer, d'une livre de Tabac haché, de plusieurs Tasses, Sous-coupes, Jattes, Teyeres & Succriers de Fayance, un Chapeau neuf & trente Bouteilles de verre, dont plusieurs pleines de Biere, le tout venant d'Angleterre, & autres effets sur lui saisis le 20. Septembre 1735. faute de déclaration dans les vingt-quatre heures de son arrivée à Cherbourg; & sur les demandes respectives du Fermier & de Mesnil, tendantes; sçavoir, celle du Fermier à la confiscation des effets saisis, comme Marchandises prohibées, & en trois cens livres d'amende, & celle de Mesnil à la main-levée desdits effets, & en des dommages intérêts prononcés par Sentence de l'Amirauté de Cherbourg, du 18. Février 1736. met les Parties hors de Cour, tous dépens faits au Siége de l'Amirauté, compensés.

Du 4. Février 1738.

* Ordonnance du Roy, pour la conservation des Digues & autres Ouvrages faits & à faire, dans la Riviere de l'Adour, & pour rétablir l'ouverture de la Barre de Bayonne.

Du 4. *Février* 1738.

* Arrest du Conseil, qui exempte de la formalité & du payement des Droits de Controlle, les Soumissions pour Acquits à Caution, qui se délivrent dans les Bureaux des Fermes; ensemble les autres Soumissions qui seront fournies dans lesdits Bureaux, pour la sûreté & payement des Droits du Roy, & des amendes & confiscations; quoiqu'en conséquence il fût formé des demandes en Justice.

Du 5. *Février* 1738.

* Arrest de la Cour des Aydes, confirmatif d'une Sentence de la Jurisdiction des Traittes de Joinville, du 7. Juin 1736. qui conformément à l'article VII. du titre IX. de l'Ordonnance de 1687. & à l'Arrest du Conseil & Lettres Patentes des 4. & 14. Août 1722. confisque sur Jean-Baptiste Coroy, Marchand, demeurant à Pré sur la Fauche, onze Muids & deux Feuillettes de Vin, faisant partie de plus grande quantité, emmagasinés & entreposés chez lui, dans les quatre lieuës proche des frontieres de la Ferme, au-delà de son Usage & consommation, & le condamne en ving-cinq livres d'amende & aux dépens.

Du 11. *Février* 1738.

* Arrest du Conseil, qui ordonne que les abonnemens ci-devant faits avec différentes Provinces, Généralités & Villes du Royaume, pour y tenir lieu des Droits qui devoient y être perçus sur les Huiles & Savons qui s'y consomment, seront continués pendant le Bail fait à Jacques Forceville, pour six années, à commencer du premier Octobre 1738. & fixe la quotité de chaque abonnement.

Du 11. *Février* 1738.

Arrest du Conseil, qui fait main-levée de l'opposition formée par le sieur Poirsin, ci-devant Directeur des Fermes à Caën, à la délivrance des deniers provenans de la vente des Marchandises saisies dans le Vaisseau la Providence, sous prétexte de la portion qu'il prétendoit devoir lui revenir dans ladite saisie ; & permet à Nicolas Desboves, Adjudicataire des Fermes générales, de faire la répartition desdits deniers aux Employés saisissans, & autres qu'il appartiendra.

Du 11. *Février* 1738.

Arrest du Conseil, qui permet aux Marchands, Négocians ou autres de la Province de Bretagne, de transporter ou faire des envoys de Féves à l'Etranger, par les Ports désignez, dans les Arrests du Conseil des 22. Avril, 6. May, 28. Octobre & 16. Décembre 1732. & 21. Avril 1733. en observant les formalités prescrites, par celui du 28. Octobre 1732.

Du 11. *Février* 1738.

Arrest du Conseil, qui évoque une Instance pendante en l'Election de Grenoble, concernant le nommé Louis Descottes, dit Charton, & cinq autres Contrebandiers, ses Complices, arrêtés le 8. Janvier précedent, chez le nommé Pacalin, Cabaretier de la Paroisse de Montaquieu en Dauphiné, avec environ cent livres de faux Tabac ; & icelle, circonstances & dépendances, renvoye pardevant le sieur Colleau, Commissaire du Conseil, établi à Valence, par Arrest du 31. Mars 1733. pour être instruite, & le tout par lui jugé souverainement & en dernier ressort, conformément aux Arrests du Conseil des 31. Mars & 21. Juillet 1733. & ordonne que les procedures qui peuvent avoir été faites pour raison de ce, en ladite Election de Grenoble ou ailleurs, seront remises au Greffe de la Commission.

Du 11. *Février* 1738.

Arrest du Conseil, qui valide le decret decerné le 8. Mars 1737. par le sieur Colleau, Président de la Commission établie à Valence, en conséquence des Arrests des 31. Mars &

21. Juillet 1733. tant contre la nommée Catherine Colomb, que contre le nommé Claude Germain, & les procedures faites en conséquence contre ladite Colomb & ledit Germain pardevant ledit sieur Colleau & le sieur Bolozon, Lieutenant en l'Election de Bourg-en-Bresse & Subdelégué dudit sieur Colleau en ladite Ville; en conséquence autorise ledit sieur Colleau à juger souverainement & en dernier ressort, le Procès à ladite Colomb & audit Germain, pour raison de la saisie de quatre Balots de faux Tabac, faite le 5. Janvier 1737. dans la Grange dudit Germain, Paroisse de Varennes - Saint Sauveur en Bresse, que ladite Colomb y avoit fait apporter, tant par ledit Germain, que par deux autres Contrebandiers; évoque & renvoye pardevant ledit sieur Colleau, les procedures qui peuvent avoir été faites pour raison de ce, en quelque Jurisdiction que ce soit, &c.

Du 11. Février 1738.

Arrest du Conseil, qui permet au sieur Barthelemy Cheron, d'établir dans la Ville & aux environs de Moulins en Bourbonnois, une Manufacture d'Acier, de la même qualité de celui connu sous le nom d'Acier de Carme, d'Eslyrie & d'Hongrie, pour y fabriquer des Armes blanches, de la qualité des Lames de Damas, & les différens Outils, à l'usage des Menuisiers, Serruriers, Taillandiers, Charpentiers & autres pareils à ceux que les Maîtres desdites Professions, sont dans l'usage de tirer d'Allemagne; permet pareillement audit sieur Cheron, d'établir dans ladite Ville de Moulins & aux environs, une Manufacture d'Etain, de la qualité de celui de Cornouailles.

Du 12. Février 1738.

* Arrest de la Cour des Aydes de Clermont-Ferrand, qui condamne Claude Passemart, Portier de la Manufacture de Tabac, établie en ladite Ville, à être appliqué au carcan, & à trois ans de bannissement; Magdelaine Louvam, femme dudit Passemart, & Claudine Miolanne, femme de Guillaume Darragot, Tisserand au Fauxbourg de ladite Ville, aussi à trois ans

ans de banniſſement, pour vols de Tabacs faits en ladite Manufacture, & décharge Charles-Joſeph des Martineaulx de Grandvilliers, ci-devant Inſpecteur de ladite Manufacture, Jean-Baptiſte-François Petit, ci-devant Contrôleur, & Marie Courtial, fille, ci-devant Domeſtique dudit Inſpecteur, des accuſations contre eux formées, ſous prétexte d'avoir favoriſé ou participé auſdits vols.

Du 14. Février 1738.

* Arreſt de la Cour des Aydes, confirmatif d'une Sentence des Elus de Paris du 20 Mai 1737. qui confiſque 8 Ballots de Toile entrepoſés chez Louis le Grand, Hôtelier à Montreuil près Verſailles, & le condamne en 100 liv. d'amende & aux dépens.

Condamne la veuve & héritiers Chemin, Jacques Duclos, & Denis Bignon, Marchands demeurans à Verſailles, Parties intervenantes, qui avoient reclamé leſdits huit Ballots de Toile, à acquiter, garantir & indemniſer ledit le Grand de la condamnation contre lui prononcée, tant en principal qu'amende & dépens.

Du 22 Février 1738.

* Arreſt du Conſeil, qui n'accorde que deux mois à ceux qui ſe prétendent créanciers de la Compagnie de la Mer du Sud, ou pacifique, & aux porteurs de Billets ſolidaires, d'Actions de mille livres, & de direction de dix mille livres pour repréſenter aux Sieurs de Villegenou, & du Fay les titres juſtificatifs de leurs créances, pour être enſuite pourvû à leur payement, ainſi qu'il appartiendra.

Du 25. Février 1738.

Arreſt du Conſeil, qui en caſſe un du Parlement de Bretagne, du 8 Février 1735. par lequel il avoit été adjugé plus d'épices & vacations qu'il n'en étoit dû à ſept Avocats qui ont aſſiſté au jugement d'un procès intenté par Pierre Carlier, Adjudicataire des Fermes générales en la Jurifdiction des Traittes de Morlaix, contre les auteurs & complices d'un vol fait à la Manufacture du Tabac de ladite Ville; & ordonne que la fomme de cinq cens quatorze liv. payée par ledit Carlier pour lefdites vacations, lui fera reftituée par lefdits Avocats.

Du 4. Mars 1738.

* Arreft du Confeil, qui confifque trois piéces de Drap, Fabrique d'Angleterre, faifies à la Halle aux Draps à Paris par le fieur Parifel, Infpecteur des Manufactures à ladite Halle fur le fieur Abraham, Marchand Drapier à Paris, ordonne que lefdites piéces de Drap feront remifes à l'Adjudicataire des Fermes pour être venduës, à la charge d'être renvoyées à l'Etranger après avoir été marquées du plomb de l'Infpecteur à la Doüanne, & le prix remis, diftribué moitié au profit de l'Adjudicataire, & l'autre à celui de l'Hôpital Général.

Du 4. Mars 1738.

Arreft du Confeil, qui évoque une Inftance pendante en l'Election de Paris fur une affignation y donnée à Nicolas Defboves, Adjudicataire des Fermes générales unies, à la requête du fieur Liegard, Marchand Mercier en ladite Ville, tendante à la reftitution d'une fomme de trois cens cinquante-deux liv. cinq fols, qu'il prétend avoir été exigée par les Receveurs des Fermes des Bureaux de Grip & la Ville-Dieu, fur des Bouchons de liege venant de Bordeaux, & dont il ne vouloit acquitter les droits qu'à raifon de dix fols du cent pefant, comme Liege,fuivant le Tarif de 1664. au lieu de cinq pour cent, de la valeur qui ont été perçûs comme ouvrages de Liege, obmis audit Tarif, & deffend aux Officiers de l'Election de paffer outre, & aux Parties de fe pourvoir ailleurs qu'au Confeil, à peine de nullité, caffation de procédures, & de tous dépens, dommages & intérêts.

Du 4. Mars 1738.

Arrest du Conseil, qui en casse un de la Cour des Aydes de Bordeaux du 10 Août 1737. en ce qu'après avoir débouté les nommés Simon, Nadeau & Tesson de l'appel par eux interjetté, d'une Sentence de l'Election de ladite Ville du 12 Février précédent, par laquelle ils avoient été condamnez chacun en mille liv. d'amende, & en la confiscation de deux cens vingt liv. de faux Tabac, & d'une Chaloupe servant à le voiturer de Royan à Bordeaux, & de laquelle Chaloupe ils avoient jetté le Tabac dans la riviere, ladite Cour a cependant moderé à trois cens livres l'amende de mille livres prononcée contre ledit Simon, seulement sous prétexte qu'il avoit consigné lesdites trois cens livres pour être reçû appellant, ordonne que ladite Sentence sera exécutée selon sa forme & teneur.

Du 11. Mars 1738.

Arrest du Conseil, qui en casse un de la Cour des Aydes de Paris, du 20 Décembre 1737. par lequel en infirmant une Sentence de l'Election de Langres qui avoit prononcé l'élargissement du nommé Daubie, Manouvrier de la Paroisse de Jonville en Franche Comté, arrêté par les Employez des Brigades de Gellon & Bourg, avec cent vingt livres de faux Tabac qu'il introduisoit en Bourgogne, & condamné le Fermier aux dépens, au coût de la Sentence, & à payer audit Daubie vingt sols par jour, à compter de celui de la notification de la Sentence, faute de consentir son élargissement, le tout fondé sur la déclaration dudit Daubie, que le Tabac & le Cheval qu'il conduisoit ne lui appartenoient pas, & sur ce que le procès verbal de saisie ni l'acte de dépôt du Tabac à l'entrepôt ne constatoient pas que ce fût de faux Tabac, ladite Cour adjuge au Fermier la confiscation du Cheval & du Tabac, mais le condamne en mille livres de dommages intérêts au profit dudit Daubie, qu'elle compense avec l'amende, sous prétexte d'un prétendu certificat, portant que Daubie étoit domicilié,

& qu'en cette qualité il ne devoit point être constitué prisonnier.

Du 11. Mars 1738.

Arrest du Conseil, portant que M. le Procureur Général en la Cour des Aydes de Paris, envoyera au Conseil les motifs de celui de ladite Cour du 29 Novembre 1737. par lequel en confirmant deux Sentences de la Jurisdiction des Traittes de la Ville de Reims, des 1 Décembre 1736. & 5 Mars 1737. qui avoient condamné le Fermier à délivrer des acquits à caution au sieur Perrier, Marchand de ladite Ville, pour voiturer des Vins déclarez pour les quatre lieuës des limites de la Ferme, sans que les Tonneaux fussent rouannez ou marquez par les Employez de la Ferme, conformément à l'Article IV. du titre des droits de sortie sur les Vins de l'Ordonnance de 1681. & aux Arrest & Lettres Patentes des 4. & 14. Août 1722. ladite Cour a condamné le Fermier aux dépens; pour lesdits motifs vûs & examinez, être ordonné ce qu'il appartiendra, toutes choses demeurant en état.

Du 11. Mars 1738.

Arrest du Conseil, qui liquide à la somme de deux cens quatre-vingt-neuf mille sept cens quarante-huit livres deux deniers, le remboursement dû à Nicolas Desboves, Adjudicataire des Fermes générales unies, pour le montant des droits des Marchandises & autres effets entrez, sortis, ou qui ont traversé le Royaume, en vertu des Passe-ports qui en ont été expédiez par les ordres de Sa Majesté pendant la quatriéme année du Bail dudit Desboves.

Du 14. Mars 1738.

* Arrest de la Cour des Comptes, Aydes & Finances de Provence, qui entr'autres dispositions autorise les Capitaines Généraux des Fermes à faire des visites dans les maisons des Ecclésiastiques, nobles & autres maisons qualifiées & privilé-

giées, sans être obligez de s'y faire autoriser par les Juges des Fermes.

Du 18. *Mars* 1738.

* Déclaration du Roi, *registrée à la Cour des Aydes le* 29. *Mars* 1738. renduë à l'occasion des Commis employez par les Trésoriers Généraux de l'Extraordinaire des Guerres, par laquelle en interprétant l'Edit du mois d'Août *1669.* concernant le Privilege du Roi sur les biens des Fermiers du Roi & autres comptables, déclare avoir entendu comprendre dans le Privilege qu'il s'est réservé pour ses deniers, non-seulement tous les Officiers comptables en titre, mais encore tous ceux qui en auroient le maniement à quelque titre que ce soit, & que ceux des Officiers comptables, qui par l'étenduë des fonctions de leurs Charges sont obligez d'avoir des Commis dans les Provinces, ausquels ils confient les deniers Royaux, ayent sur les biens de leurs Commis pour le recouvrement des deniers qu'ils leur auront confié le même privilege, droits & actions que le Roi s'est réservez sur lesdits Comptables par ledit Edit de *1669.* voulant qu'ils puissent les exercer sur les biens meubles & immeubles de leursdits Commis, ainsi & de la même maniere qu'il est établi par toutes les dispositions dudit Edit, comme étant lesdits Comptables subrogez au Roi dans le maniement de ses deniers, & qu'en cas de contestations elles soient jugées conformément audit Edit de *1669.*

Du 22. *Mars* 1738.

* Arrest du Conseil, qui en interprétant celui du 25. Février 1736. décharge les Etrangers du Droit d'un pour cent d'avarie d'entrée, établi par ledit Arrest sur les Marchandises qui sont portées dans les Echelles du Levant par lesdits Etrangers sur des Vaisseaux François.

Du 23. *Mars* 1738.

* Arrest du Conseil, qui évoque l'appel interjetté au Parlement de Rennes, & poursuivi contre Jean-Baptiste Fleury, Commis

préposé à la marque des Toiles au Bureau de Loudeac par Julien Blanchard, d'une Sentence renduë par le Sénéchal de Loudeac le 23. Novembre 1737. ordonne que ladite Sentence sera exécutée selon sa forme & teneur; & fait deffenses d'intimer en aucun cas les Inspecteurs des Manufactures, & les Commis préposés à la marque des Toiles dans les Bureaux de visite, sur les appels qui pourroient être interjettés des Jugemens rendus sur les saisies qu'ils auront faites.

Du 24. Mars 1738.

* Arrest du Conseil, pour indiquer une assemblée des Actionnaires de l'ancienne Compagnie des Indes Orientales, à l'effet de prendre les arrangemens convenables sur les prétentions respectives, tant de ladite Compagnie ancienne, que de la nouvelle.

Du 25. Mars 1738.

Arrest du Conseil, qui accorde au sieur Langlois, Avocat au Parlement, & premier Secretaire de M. le Chancelier, la survivance de la place d'Avocat de la Ferme générale aux mêmes Honoraires, rétributions & gratifications dont joüit actuellement le sieur Freteau en ladite qualité, sans néanmoins que ledit sieur Langlois puisse prétendre aucuns honoraires ou autres émolumens tant que le sieur Freteau remplira ladite place, quand il exerceroit lesdites fonctions en son absence, ou pour autres empêchemens.

Du 26. Mars 1738.

* Arrest de Réglement, rendu par les Commissaires du Conseil, nommez par Arrest du 26. Octobre 1737. pour obliger M. de S. Simon Evêque de Metz, en qualité d'Abbé de Jumiége, à l'entretien des Rades de Trouville & Port de Quillebeuf, pour amarer sûrement les Navires qui posent sur lesdites Rades, & fixe les droits d'amarages, faisant partie de la Mense Abbatiale de Jumiége, lesquels seront payez par les-

dits Navires, soit Etrangers, soit François, tant en montant qu'en descendant la Riviere de Seine.

Du premier Avril 1738.

* Arrest du Conseil, & Lettres Patentes, *registrées en la Cour des Aydes de Paris le 20. Mai* 1738. qui déclarent les Arrests & Lettres Patentes des 13. Mars & 14. Avril 1722. rendus pour les cinq grosses Fermes, communs pour la régie des Droits sur les Huiles; & en conséquence ordonnent qu'ils seront exécutez en tout leur contenu pour les acquits à caution, qui seront expédiez pour la sureté & conservation des Droits de la Ferme des Huiles.

Du premier Avril 1738.

* Réglement des Bailly, Bourguemestre & Echevins de la Ville & Territoire de Dunkerque, pour remédier aux abus qui se commettent à la Mainque du Poisson frais étranger, *contenant dix-sept Articles.*

Du premier Avril 1738.

* Arrest du Conseil, pour donner aux deux seuls Directeurs restans de l'ancienne Compagnie des Indes Orientales, trois Ajoints, à prendre dans les représentans ceux qui sont décedés, & conjointement agir tant en demandant qu'en deffendant contre les Directeurs de la nouvelle Compagnie des Indes, à l'occasion des prétentions respectives des deux Compagnies.

Du premier Avril 1738.

* Arrest du Conseil, qui ordonne le payement d'une somme de quatorze cens cinquante-trois mille six cens quatorze livres seize sols huit deniers; sçavoir, deux cens quarante-deux mille deux cens trente livres en Espéces, & le surplus en Quittances de Finances, portant intérets au Denier cinquante, & assignez sur les Tailles, pour le dédommagement dû par S. M. à la Compagnie Royale de la Mer du Sud, appellée Pacifique, établie

en 1698. & ce en conséquence des Jugemens des 9 Octobre & 14 Décembre 1737. rendus par les Sieurs Commissaires du Conseil, nommés par Sa Majesté pour la Liquidation de ce dédommagement.

Du 10. *Avril* 1738.

Arrest du Conseil, qui admet M. Lallemant de Nantouillet dans les Fermes générales, au lieu & place de feu Mr. Chambon.

Du 10. *Avril* 1738.

Arrest du Conseil, qui admet M. Helvétius dans les Fermes générales au lieu & place de feu M. Duché.

Du 12. *Avril* 1738.

* Ordonnance de Mrs les Jurats de Bordeaux, pour faire cesser les obstacles & empêchemens à l'embarquement & débarquement des Personnes & des Marchandises sur les Port, Havre & Rivages de la Riviere de Garonne dans ladite Ville de Bordeaux.

Du 15. *Avril* 1738.

* Arrest du Conseil, portant que les Toiles qui seront fabriquées dans les Villages de Thuillieres, Montureux-le-Sec, & Valleroy-le-Sec, seront marquées sur le Métier par les Commis à ce préposés, & faute de cette marque, qu'elles seront réputées étrangeres, & ne pourront être introduites dans le Royaume, à peine de confiscation & de trois cens livres d'amende; que la consommation du Vin sera fixée pour les Habitans desdits Villages, à six muids par an pour chaque Laboureur & Marchand, & à trois muids pour chaque Manouvrier, à peine de confiscation de l'excedent, & de trois cens livres d'amende contre chaque contrevenant. Deffend sous les mêmes peines aux Manouvriers de prendre la qualité de Laboureurs ou Marchands, & de faire venir sous ces titres, ou tel autre que ce soit, plus de trois muids de Vin pour leur provision d'une année, à la charge par lesdits Laboureurs, Marchands

chands & Manouvriers, de n'en point abuser, ni faire passer furtivement & en fraude à l'Etranger celui qu'ils n'auront point consommé; à l'effet de quoi ils seront tenus, conformément à l'Article IV. du titre des Droits de sortie sur les Vins de l'Ordonnance de 1681. de faire des déclarations du Vin de leur consommation, de souffrir sur les futailles la marque des Employez de la Ferme, & de les représenter au lieu de la destination par eux déclarée pendant trois mois, à compter du jour de ladite arrivée, toutes les fois que lesdits Employez & Gardes feront leurs visites sous les peines y portées.

Du 15. Avril 1738.

* Arrest du Conseil, qui fixe la consommation du Vin pour les Habitans de Passavant, côte de Voge, Vogecourt, & autres Paroisses enclavées dans la Lorraine & le Comté de Bourgogne, à six muids par an pour chaque Laboureur & Marchand de Bois, & à trois muids aussi par an pour chaque Manouvrier, à peine de confiscation des quantités excédentes, & de trois cens livres d'amende; deffend sous les mêmes peines à tous Manouvriers de prendre la qualité de Laboureur ou Marchand, & de faire venir sous ce titre, ou tel autre que ce soit, plus de trois muids de Vin par an pour leur consommation, à la charge toutes fois par lesdits Laboureurs, Marchands, ou Manouvriers de n'en point abuser, ni faire passer furtivement & en fraude à l'Etranger ce qu'ils n'auront pas consommé; à l'effet de quoi ils seront tenus, conformément à l'Article IV. du titre des Droits de sortie sur les Vins de l'Ordonnance de 1681. de faire des déclarations du Vin de leur consommation, de souffrir sur les futailles la marque des Commis de la Ferme, & de les représenter au lieu de la destination, par eux déclarez pendant trois mois, à compter du jour de leur arrivée, toutes les fois que lesdits Commis & Gardes feront leurs visites sous les peines y portées.

Du 15. Avril 1738.

Arrest du Conseil, qui commet le Sieur Intendant de la

Généralité de Moulins, pour instruire & juger toutes les affaires criminelles qui surviendront dans l'étenduë de ladite Province, pour raison du Faux-saunage & de la Contrebande, & faire le procès aux auteurs & complices des violences que les Contrebandiers ou Faux-sauniers pourront commettre contre les Commis des Fermes.

Du 16. *Avril* 1738.

* Ordonnance de M. le Lieutenant Général de Police, qui condamne à l'amende plusieurs Particulieres, pour avoir été trouvées vêtuës d'Indienne & d'Etoffes des Indes.

Du 22. *Avril* 1738.

Arrest du Conseil, qui confisque au profit de Nicolas Desboves, Adjudicataire des Fermes générales unies, sur le sieur Nicolet, Bourgeois de Cherbourg, sept mille quatre-vingt-dix livres de vieux Linges & vieux Drapeaux servant à la fabrication du Papier, excedant la déclaration par lui faite au Bureau des Traittes de ladite Ville, & portée en l'acquit à caution qui lui fut délivré, portant soumission de rapporter un Certificat de déchargement desdites Marchandises au Bureau de Barfleur; & condamne solidairement ledit Nicolet & le sieur Paul le Terrier, Capitaine de la Bagarre les quatre freres, où étoient embarquées lesdites Marchandises, en trois mille livres d'amende.

Du 26 *Avril* 1738.

* Arrest qui déroge à l'Article VII. de celui du 11 Juin 1714. & autres rendus en conséquence, ordonne que par l'Adjudicataire général des Fermes, il sera expedié des Acquits à caution pour les Marchandises prohibées dans le Royaume, provenant des ventes de la Compagnie des Indes, destinées pour les Ports de Bilbao, S. Sebastien, & autres des Provinces de Guipuscoa, Biscaye & Catalogne, à condition que lesdites Marchandises seront expédiées par Mer pour lesdits Ports; &

à la charge par les Adjudicataires, ou ceux qui feront leurs foumiffions pour eux, de rapporter dans le cours de fix mois lefdits acquits à caution, déchargez par les perfonnes prépofées à cet effet, lefquelles feront indiquées & dénommées par lefdits acquits.

Du 26. Avril 1738.

* Arreft du Confeil, qui déroge à l'Article VII. de celui du 11. Juin 1714. & autres rendus en conféquence, ordonne que par l'Adjudicataire général des Fermes, il fera expedié des Acquits à caution pour les Marchandifes prohibées dans le Royaume, provenant des Ventes de la Compagnie des Indes, deftinées pour le Port de Dunkerque, à condition que lefdites Marchandifes feront expédiées par Mer pour ledit Port; & à la charge par les Adjudicataires, ou ceux qui feront les foumiffions pour eux, de rapporter dans le cours de fix mois lefdits Acquits à caution, déchargez par les perfonnes prépofées à cet effet, lefquelles feront indiquées & dénommées dans lefdits Acquits.

Du 26. Avril 1738.

Arreft du Confeil Royal des Finances & Commerce de Luneville, qui admet M. Lallemant de Nantouillet dans les Fermes générales de Lorraine, à la place du feu fieur Chambon.

Du 29. Avril 1738.

* Déclaration du Roi, qui fixe la Jurifprudence, & régle les formalitez à obferver pour les oppofitions au titre des Offices, publiée au Sceau le 9. Mai 1738. *& regiftrée ès Regiftres de l'Audience de France, contenant vingt-fept Articles.*

Du 29. Avril 1738.

Arreft du Confeil, qui avant faire droit fur la Requête de Nicolas Desboves, Adjudicataire des Fermes générales, tendante à la caffation d'une Sentence de la Jurifdiction des Traittes de Vannes, du 8. Mars précédent, par laquelle il a été fait main-levée de quatre cens soixante-neuf andoüilles de Tabac, saisies au Port Loüis sur le sieur Canon, Capitaine du Navire la Reine Marie de Bordeaux, venant de Léogane, relâché audit Port, quoique ledit Tabac ne fût point compris dans les connoissement, Livre de Bord, ni dans l'état de chargement, suivant l'Article XXVI. des Lettres Patentes du mois d'Avril 1717. & la Déclaration du 14. Mars 1722. ordonne que ladite Requête sera communiquée audit sieur Canon pour y fournir de réponse dans un mois, sinon qu'il sera fait droit, ainsi qu'il appartiendra.

Du 29. Avril 1738.

Arrest du Conseil, qui commet le sieur de la Grandville, Intendant & Commissaire départi en la Province de Flandres, pour à la requête de Pierre Carlier, Adjudicataire des Fermes générales, instruire & juger en dernier ressort le procès du sieur Pierre Bende, ci-devant Receveur des Droits sur les Huiles & Savons au Bureau établi dans le Fauxbourg des Malades de la Ville de Lille, ainsi qu'aux complices du divertissement des deniers de la recette dudit sieur Bende, circonstances & dépendances, conformément à la Déclaration du Roi, du 5. Mai 1690. renduë contre les Receveurs qui divertissent les deniers de leurs recettes.

Du 29. Avril 1738.

Arrest du Conseil, qui évoque & renvoye pardevant le sieur de Vanolles, Maître des Requêtes, Intendant & Commissaire départi au Comté de Bourgogne, les plaintes, informations, decret, & autres procédures faites par le Lieutenant Criminel de Pontarlier, à la requête du sieur Petit Huguenin, Juge-Châtelain dudit lieu, l'un des auteurs & complices des violences & voyes de fait commises par les Habitans du lieu de Jouque, tant contre le sieur Cupillard, Receveur des Fermes au Bureau dudit lieu, que contre les Employez de celui de Pontarlier, en faisant leurs fonctions, pour être le tout jugé souverainement & en dernier ressort par ledit sieur Intendant, en appellant avec lui le nombre d'Officiers ou Graduez requis par l'Ordonnance, &c.

Des 29. Avril 1738. & 21. Mars 1739.

* Arrests du Parlement de Toulouse, qui maintiennent les Officiers de l'Amirauté au Siége de Montpellier & Cette, au Droit d'avoir rang & séance, en toutes Assemblées publiques & particulieres, avant les Officiers de la Justice de Mr. l'Evêque d'Agde à Cette, & avant les Maire & Consuls de la Ville.

Du 3. May 1738.

Arrest du Conseil Royal des Finances & Commerce de Luneville, qui admet M. Helvetius dans les Fermes de Lorraine, à la place de feu Mr. Duché.

Du 6. May 1738.

* Arrest du Conseil & Lettres Patentes, portant, que dans le cas où le Fermier général des cinq grosses Fermes, permettra aux Négocians d'entreposer dans leurs propres Magasins, soit les Marchandises du crû des Isles & Colonies Françoises, soit celles destinées pour lesdites Isles & Colonies; lesdits Négocians seront tenus de déclarer aux Commis du Fermier, le Magasin où ils entendent les enfermer, & de donner dans les Bureaux leur soumission cautionnée, de les représenter en même qualité & quantité, toutes les fois qu'ils en seront requis. Défendent ausdits Négocians, de faire sortir lesdites Marchandises des Magasins où elles auront été d'abord entreposées, & même de les changer d'un Magasin à un autre, qu'après en avoir fait leur déclaration dans les Bureaux, & y avoir pris un Congé du Fermier, pour le mettre en état de suivre, soit le payement des Droits, en cas de vente ou de consommation, soit l'embarquement & le départ, soit le nouveau Magasin d'Entrepôt; permettent au Fermier de faire le recensement desdites Marchandises, toutes fois & quantes, & sans attendre le terme fixé pour la durée de l'Entrepôt, le tout à peine de confiscation, en cas de soustraction, de la valeur des Marchandises manquantes & de cinq cens livres d'amende, & ce, sur

les Procès-verbaux qui en seront dressés par les Commis & Préposés du Fermier : & qu'en cas de simple mutation d'un Magasin à l'autre, sans l'avoir déclaré, lesdits Négocians demeureront, sans autre formalité, déchûs du bénéfice de l'Entrepôt, & assujettis au payement de tous les Droits.

Registrées au Parlement de Bretagne, le 30. Juin. En la Cour des Aydes de Paris, le 17. En celle de Rouen, les 28. Juin & 4. Juillet. En celle de Bordeaux, le 2. Juillet. En celle de Montpellier, le 28. Juin, & en celle d'Aix, le 23. du même mois de Juin 1738.

Du 6. May 1738.

* Arrest du Conseil, qui en interprétant celui du 8. Mars 1733. ordonne que les vieux Langes, vieux Drapeaux, Drilles & Pattes, rognures de Peaux & de Parchemin, & autres semblables Matieres, servant à la fabrication du Papier, qui seront déclarées pour les Ports de Dunkerque & de Marseille, seront assujetties au Droit de trente livres du cent pesant, dû à la sortie du Royaume, de même que si elles passoient à l'Etranger; & à l'égard desdites Matieres qui seront déclarées pour la destination des Moulins à Papier, établis dans le territoire de Marseille, & en Provence, ordonne qu'elles ne payeront que les Droits ordinaires à leur entrée par Mer dans Marseille, à la charge qu'elles seront mises à leur arrivée, en Entrepôt, sous la clef des Commis du Bureau du Poids & Casse; d'où elles ne pourront sortir, à la destination desdits Moulins, que sous la soumission du Marchand, portant promesse de rapporter Certificat de Déscente dans lesdits Moulins, des Commis du Fermier, s'il y en a, ou du plus prochain Bureau; & à ce défaut du Consul du lieu, & oblige les Commis dudit Bureau du Poids & Casse, à tenir un Registre particulier des quantités desdites Matieres qui entreront dans Marseille & de celles qui en sortiront pour les Moulins de fabrication, dans le territoire de ladite Ville, & de la Provence, pour sur icelui faire les vérifications nécessaires.

Du 13. May 1738.

* Arrest du Conseil, qui supprime le Droit de Vingtain de Carenne, dans les Ports de Provence.

Du 13. May 1738.

Arrest du Conseil, qui en casse un de la Cour des Aydes de Paris, du 23 Avril précedent, pour avoir reçu les nommés Pottonier, Border, Pottevin & Allou, arrêtés en campagne, avec douze cens quarante-cinq livres de faux Tabac, appellans des Sentences de l'Election de Beauvais des 3. Juin 1737. & 10. Février 1738. sans qu'ils eussent consigné l'amende de trois cens livres chacun, conformément aux Réglemens, & prononcé leur élargissement, sous prétexte qu'ils étoient domiciliés; ordonne l'exécution desdites Sentences, par lesquelles ils ont été condamnés, chacun en mille livres d'amende & aux Galeres, par conversion desdites amendes, faute de les avoir payées dans le mois du jour de la prononciation, ou trois cens livres à compte, pour être reçus appellans.

Du 13. May 1738.

Arrest du Conseil, qui commet le sieur Colleau, Lieutenant Criminel au Bailliage de Melun, Président de la Commission, établie à Valence en Dauphiné, pour instruire & juger souverainement & en dernier ressort, le Procès aux Auteurs, Complices, Participes & Adhérans des Meurtres commis en la personne du nommé Gontier, Capitaine général des Fermes à Lyon, & en celle du nommé Bouillet, ancien Employé desdites Fermes dans la même Ville; évoque & renvoye pardevant ledit sieur Colleau, les procedures qui pourroient avoir été commencées pour raison de ce, en quelque Jurisdiction que ce soit, &c.

Du 16. May 1738.

* Arrest du Conseil, qui maintient & confirme les Prud-Hommes, élûs par la Communauté des Patrons-Pêcheurs de la Ville de Marseille, dans le Droit de connoître seuls, dans l'étendue des Mers de Marseille, de la Police de la Pêche, & de juger souverainement, sans forme ni figure de Procès, & sans écritures, ni appeller Avocats ou Procureurs, les Contraventions à ladite Police, par quelques Pêcheurs, soit François ou Etrangers, qu'elles soient commises dans lesdites Mers; & tous les différends qui peuvent naître à l'occasion de la Profession, entre lesdits Pêcheurs; & homologue la Délibération desdits Prud'Hommes, du 2. Décembre 1725. pour l'imposition de la demie-part, sur le produit de leurs Pêches, établie sur chacun Bateau de Pêcheur, confirmée par Arrest du 6. Mars 1728. &c.

Du 16. May 1738.

* Arrest du Conseil, qui accorde un mois, pour tout délai, sans esperance d'autre prolongation, aux Porteurs de Billets solidaires, Actions, Directions ou autres Créanciers, sur la Compagnie de la Mer du Sud, pour représenter aux Sieurs Titon de Villegenou & du Fay, Directeurs d'icelles, leurs titres de créances, conformément à l'Arrest du 22. Février 1738.

Du 16. May 1738.

* Arrest du Conseil, qui régle la Police qui doit être observée sur la vente du Poisson de Mer, le long des côtes du ressort de l'Amirauté de Bayeux; *contenant 13. articles.*

Du 20. May 1738.

* Arrest du Conseil, qui permet l'entrée des Plombs & Estains d'Angleterre, par tout les Ports & Bureaux du Royaume, en payant pour tous Droits d'entrée, trois livres par cent pesant de Plomb, & quatre livres par cent pesant d'Estain, outre

outre l'ancien Droit de Marque de douze livres dix sols, porté par l'Ordonnance des Fermes de 1681. sur l'Estain; & défend l'introduction de tout Plomb ouvré & laminé, & tout Estain ouvragé.

Du 20. May 1738.

Arrest du Conseil, qui commet Mr. de Bernage, Conseiller d'Estat, Intendant en Languedoc, pour instruire & juger en dernier ressort, le Procès aux Auteurs, Complices, Fauteurs, Participes ou Adhérans, des voyes de fait & de l'émotion arrivée dans la Ville de Sommieres, à l'occasion des Assignations qui devoient être données à ceux des Habitans de ladite Ville, trouvés en contravention aux dispositions des Réglemens qui défendent l'entrée, le port & usage des Etoffes prohibées, circonstances & dépendances, en appellant avec lui le nombre d'Officiers ou Gradués requis par l'Ordonnance, & évoque & renvoye pardevant ledit Sieur Intendant, les procedures qui pourroient avoir été commencées pour raison de ce, en quelque Jurisdiction que ce soit, &c.

Du 20. May 1738.

Arrest du Conseil, portant que les Capitaines, Maîtres de Navires & Patrons de Barques, & autres Bâtimens de Mer, seront tenus de fournir dans les vingt-quatre heures de leur arrivée & avant le déchargement, au Bureau de la Basse-Ville de Dunkerque, un Manifeste exact de toutes les Marchandises qui arriveront par Mer, dans la Ville & Port de Dunkerque; qu'ils donneront pareillement audit Bureau, avant le départ desdits Vaisseaux & Bâtimens, une déclaration par Manifeste, des Marchandises qu'ils chargeront pour sortir par Mer, de ladite Ville & Port de Dunkerque; que lesdits Manifestes contiendront la quantité, le poids & la qualité des Marchandises, la Marque & le N°. des Balots, & le nom du Marchand de Dunkerque, à qui les Marchandises y arrivant, seront adressées; que les déclarations qui seront données à la sortie, contiendront pareillement le poids & la qualité des Marchandises, la Marque & le N°, des Balles, le nom du

Marchand, par qui les Marchandises seront chargées, & le lieu de la destination, le tout à peine de mille livres d'amende contre les Contrevenans ; qu'il ne sera payé audit Bureau de la Basse-Ville de Dunkerque, que cinq sols pour l'enregistrement de chaque Manifeste ou Déclaration des Vaisseaux ou gros Bâtimens de Mer, entrant ou sortant dudit Port de Dunkerque, & sans payer aucuns Droits pour les Barques & autres petits Bâtimens ; que lesdits Capitaines, Maîtres de Navires & Patrons de Barques, & autres Bâtimens de Mer, ou leurs Cautions, seront tenus, en remettant audit Bureau lesdits Manifestes ou Déclarations, d'y faire leurs soumissions, d'y rapporter dans un délai convenable un Certificat, qui justifie de la visite qui devra être faite desdits Bâtimens, par les Officiers de l'Amirauté, & de la conformité de ladite visite, avec les Manifestes ou Déclarations, sous les peines ci-dessus portées ; que les Marchandises ausquelles il a été accordé des exemptions ou modérations de Droits, lorsqu'elles sont du crû & fabrique des Pays, pour lesquels les Réglemens & Arrests qui les exemptent ou modérent ont été rendus, ne puissent jouir à leur entrée dans le Royaume, par le Bureau de la Basse-Ville de Dunkerque, desdites exemptions ou modérations, s'il n'est apparu aux Commis dudit Bureau, par la remise desdits Manifestes & desdits Certificats de visite, que lesdites Marchandises sont effectivement du crû & fabrique des Pays portés par les Arrests & Réglemens ; & attribue au Sieur Intendant de Flandres, la connoissance des contraventions aux dispositions ci-dessus, & en son absence au Lieutenant général de l'Amirauté de Dunkerque, pour être par eux jugés souverainement, leur attribuant toute Jurisdiction & connoissance, sauf l'appel au Conseil.

Du 20. May 1738.

Arrest du Conseil, qui ordonne que par le Sieur Jomarron, Subdelégué général de l'Intendance de Dauphiné, il sera procedé à l'Adjudication, au rabais & moins disant, en la maniere accoutumée, des Ouvrages à faire pour la construction, au lieu de la Saune, sur le bord de la Riviere de l'Ysere, d'un Corps-de-Garde, pour y loger une Brigade d'Employés, conformément au Devis qui en sera dressé, du prix desquels Ouvrages les Entrepreneurs seront payés sur les Ordonnances dudit Sieur Jomarron, au fur & à mesure, ou après la reception desdits Ouvrages, par les Cautions de Nicolas Desboves, Adjudicataire des Fermes générales unies, dont il leur sera tenu compte sur le prix de leur Bail, en rapportant l'expedition ou copie collationnée dudit Arrest, le Devis estimatif, les Procès-verbaux d'Adjudication & de reception desdits Ouvrages; les Ordonnances dudit Sieur Jomarron, & les Quittances des Entrepreneurs, sur ce suffisantes.

Du 20. May 1738.

* Arrest du Conseil, qui déboute les Capucins & les Recolets de la Province de Bretagne, des fins & conclusions de leurs demandes, tendantes à jouir de l'exemption des Droits de la Comptablie de Bordeaux, sur les Vins qu'ils tirent de ladite Ville, pour la provision de leurs Maisons.

Du 20. May 1738.

Arrest du Conseil, qui en casse un de la Cour des Aydes de Paris, du 27. Mars 1738. pour avoir reçu le nommé Jacques Baudouin, du Village de Mercy en Picardie, appellant d'une Sentence de l'Election de Saint Quentin, du 18. Décembre 1737. qui le condamne en mille livres d'amende, & en la confiscation de cent deux livres huit onces de faux Tabac, sans qu'il eût consigné trois cens livres, à compte de l'amende contre lui prononcée; & nonobstant la Requeste présentée par le Fermier, tendante à la conversion de l'amende en la peine des Galeres, faute d'avoir consigné lesdites trois cens livres, dans le mois du jour de la prononciation; & commet Mr. l'Intendant pour faire droit sur ladite Requeste présentée en l'Election de Saint Quentin, à fin de conversion de ladite amende en la peine des Galeres, en appellant avec lui le nombre de Gradués requis par l'Ordonnance.

Du 27. May 173

* Arrest du Conseil, portant, que les Cires jaunes ou brutes, qui seront apportées des Pays étrangers, pour être blanchies dans le Royaume, & seront ensuite envoyées blanches à l'Etranger; jouiront de la restitution des Droits d'entrée payés à l'arrivée, & de l'exemption des Droits de sortie, ordonnée par l'Arrest du 3. Février 1688. pourvû qu'elles sortent dans le courant de trois années, à compter de la date de l'acquit de payement du Droit d'entrée, soit que lesdites Cires sortent pour le compte du Négociant qui les aura fait venir, ou pour le compte d'un autre, en observant les formalités préscrites; au moyen dequoi les Négocians seront dispensés de celles ordonnées, par l'Arrest du Conseil du 4. Décembre 1736.

Du 27. May 1738.

* Arrest du Conseil, qui fixe le prix des Verres à Vitres dans les Verreries; sçavoir, à vingt-neuf livres le panier de fin & vingt-six le second; au lieu de vingt-cinq, à quoi avoit été taxé le panier de fin, & vingt-deux livres le second, par l'Arrest du 17. Avril 1725. & qu'à l'égard de celui que les Maîtres des Verreries sont obligés de fournir pour la provision de Paris, il leur sera payé par les Maîtres Vitriers, rendu dans leur Bureau, à raison de trente-quatre livres le panier de fin, & trente-une livres le second, au lieu de trente livres & de vingt-sept livres, à quoi ils avoient été fixés par l'Arrest du 4. Mars 1724. & ainsi à proportion dans les autres Villes & lieux où ils en feront faire le transport; & commet le Sieur Paul Prevost pere, en qualité d'Inspecteur, pour veiller à ce qu'il ne soit commis aucun abus ni fraudes, par ceux qui brûlent le Varec pour le réduire en soudes, en y mêlant du Sable, Gravier, Galet ou autres Matieres étrangeres.

Du 27. May 1738.

Arrest du Conseil, qui déboute le sieur Machelard, Maître

de la Forge Gerard, située sur les Terres de Liége, de l'appel par lui interjetté, d'une Ordonnance du Sieur de Sechelles, Intendant en Haynault, du premier Février 1737. par laquelle il a été condamné en la confiscation d'un Chariot, Chevaux, & de deux mille cinq cens livres de Fer, qu'il faisoit entrer en Haynault, en fraude des Droits du Tarif de 1671. & en trois cens livres d'amende, pour avoir faussement déclaré que lesdits Fers provenoient de la Forge de l'Obiette, située en Haynault, quoiqu'ils vinssent du Pays de Liége.

Du 27. May 1738.

* Arrest du Conseil, qui continue pendant deux années, la modération à cinq sols par Piece de quinze aunes, des Droits d'entrée sur les Toiles - Batistes écrûës, Fabrique de Cambray & Pays conquis, au lieu des Droits portés par le Tarif de 1664. & Arrests postérieurs.

Juin 1738.

* Edit du Roy, qui attribue au Grand Conseil, la connoissance de toutes les fraudes & contraventions, sur l'introduction & débit des Toiles, Etoffes & Marchandises prohibées. *Regiſtré au Grand Conseil le 2. Juillet 1738.*

Du 3 Juin 1738.

Arrest du Conseil, portant que la Requeste des Députés & Procureur Général Syndic des Estats de la Province de Bretagne, tendante à jouir de l'exemption des Droits de Prevosté de Saumur & Trépas de Loire, sur la Vaisselle d'Argent armoiriée, que le Prince de Leon, Mr. le Marquis de Coutanscour & le Sieur de Bedée, Procureur Syndic desdits Estats, faisoient passer de l'étendue des cinq grosses Fermes, dans ladite Province, sera communiquée aux Fermiers & Engagistes desdits Droits, pour y fournir de réponse dans un mois, sinon & à faute de ce faire dans ledit temps, qu'il sera fait droit par Sa Majesté, ainsi qu'il appartiendra.

Du 4. Juin 1738.

Arrest du Conseil, qui commet Mr. Chauvelin, Intendant de la Généralité d'Amiens, pour instruire & juger souverainement & en dernier ressort, le Procès aux Auteurs & Complices, Fauteurs, Participes & Adhérans de la Rebellion faite aux Employés des Fermes, par les Habitans de Beauquesne & des autres Villages circonvoisins, & de la spoliation qui leur a été faite d'un Chariot chargé de Tabac de contrebande, saisi en sortant de Thievres, dans laquelle Rebellion le nommé Philippes de Locques, demeurant au Pont à Vendein en Artois, a été arrêté conduisant ledit Chariot & constitué prisonnier à Doulens; évoque les procedures qui pourroient avoir été commencées pour raison de ce, en quelque Jurisdiction que ce soit, & icelles, circonstances & dépendances, renvoye pardevant ledit Sieur Intendant, pour être le tout par lui jugé, en appellant le nombre d'Officiers ou Gradués requis par l'Ordonnance, &c.

Du 4. Juin 1738.

Arrest du Conseil, portant qu'il sera perçû un sol par Piece de Toiles qui seront portées dans les Bureaux de Visite & Marque, établis dans les Villes de Quintin, d'Uzel & de Loudeat en Bretagne, pour être le produit dudit Droit employé à subvenir aux frais des Bureaux établis dans lesdites Villes, & au payement des appointemens du Commis préposé à la Visite & Marque des Toiles dans lesdites Villes, &c.

Du 4. Juin 1738.

* Arrest du Conseil, qui ordonne l'exécution de celui du 30. Octobre 1736. & en conséquence enjoint aux Officiers & Cavaliers de Maréchaussée d'arrêter tous Contrebandiers portant ou conduisant des Marchandises prohibées, Faux-Sauniers & Faux-Tabatiers, comme aussi de prêter aide & assistance aux Commis des Fermes, à leur premiere requisition dans la pour-

suite desdits Contrebandiers, même de dresser à ce sujet tous procès verbaux nécessaires, lesquels dûment affirmés seront crus & feront foi en Justice jusqu'à inscription de faux, le tout sans préjudice de l'exécution de l'Article V. de la Déclaration du 28. Mars 1720. en ce qui est contenu audit Article; deffend néanmoins ausdits Officiers & Cavaliers de Maréchaussée de s'immiscer, sous quelque prétexte que ce soit, de donner aucunes assignations aux Témoins, faire aucunes significations dans l'instruction des procès desdits Contrebandiers, ni même de mettre à exécution les decrets rendus contre lesdits accusés, les arrêter, écrouer & recommander en vertu desdits decrets.

Du 10. *Juin* 1738.

Arrest du Conseil, qui casse & annulle une Sentence de l'Election de Guise, du 7. Mai précédent, pour avoir ordonné que la procedure civile commencée contre le nommé Pierre Sensier, Valet de charruë du Village de Neuvillette, arrêté seul en campagne sans armes avec cinquante-sept livres de faux Tabac, & deux livres de Sel blanc, seroit convertie en procédure extraordinaire, & poursuivie à la requête du Fermier, sous prétexte que ledit Sensier étoit dans le cas de l'Article VI. de la Déclaration du 2. Août 1729. quoique le Fermier eût conclu à fins civiles; évoque & renvoye pardevant M. l'Intendant de Soissons l'appel interjetté par le Fermier, de ladite Sentence, circonstances & dépendances; pour être le tout par lui jugé deffinitivement & en dernier ressort, en appellant le nombre de Graduez requis par l'Ordonnance; & ordonne que la procédure instruite en l'Election de Guise sera remise au Greffe de la Commission, &c.

Du 10. *Juin* 1738.

* Ordonnance du Roi, qui supprime la Bourse commune établie entre les Lesteurs & Délesteurs des Bâtimens de Mer dans le Port du Havre; & ordonne que les Bateaux servant au lestage & délestage seront jaugez, & porteront une marque

qui indiquera leur Port en Tonneaux, *contenant sept articles.*

Du 10. *Juin* 1738.

Arrest du Conseil, portant qu'il sera annuellement fait fonds dans les états des Charges assignées sur les Fermes générales, à compter du 1. Janvier 1738. d'une somme de neuf cens livres, sous le nom du sieur Bernier, Entrepreneur de la Manufacture Royale de Tapisseries de Beauvais, pour être ladite somme par lui employée régulierement chaque année, tant au profit des Apprentifs de ladite Manufacture, qu'en faveur des Ouvriers qui s'y distingueront par leur application au travail, & pour les frais de voyages des Ouvriers Etrangers qui viendront y travailler.

Du 10. *Juin* 1738.

Arrest du Conseil, qui permet au sieur Devaux de faire voiturer par la Riviere de Loire, & transporter jusqu'à Paris les Charbons de terre qui proviendront des Carrieres qu'il possede aux environs de la Ville de S. Etienne en Forêt, en observant les formalitez prescrites, tant par ledit Arrest, que par ceux des 9. Décembre 1724. & 1. Avril 1738.

Nota. Cet Arrest ne porte aucune exemption des Droits des Fermes.

Du 14. *Juin* 1738.

* Arrest du Conseil, portant qu'il sera pris un Terrain convenable dans l'étenduë de la Place nommée le Quai, située sur les bords de la Riviere dans la Paroisse de Saint Pierre de Touques, pour former le Quai nécessaire à la charge & décharge des Marchandises, & pour déposer au-dessus dudit Quai le Lest débarqué des Bâtimens, *contenant dix articles.*

Du 15. *Juin* 1738.

* Arrest du Conseil, qui fait deffenses à tous Blanchisseurs & autres,

autres, de lessiver ni blanchir aucuns Fils de Lin ou de Chanvre, avec de la chaux ni autres ingrédiens corrosifs; & à tous Fabriquans, Tisserands & Ouvriers, d'employer dans la fabrication des Toiles à voiles, & autres sortes de Toiles, de quelque espéce qu'elles puissent être, aucuns Fils ainsi lessivez ou blanchis, à peine de confiscation des Toiles & Fils, lesquels seront brûlez, & de cinquante livres d'amende.

Du 24. Juin 1738.

Arrest du Conseil, qui sans avoir égard à la mention mise par M. le Procureur Général de la Cour des Aydes de Paris, en marge du Registre du Greffier des Prisons de la Conciergerie du Palais, à l'effet d'y retenir les nommez Pottonier, Bordet, Pottevin & Allou, arrêtez en campagne avec mille deux cens quarante-cinq livres de Tabac de fraude; ordonne l'exécution de celui du 13. Mai précédent, par lequel en cassant celui de la Cour des Aydes du 23. Avril de la même année, pour avoir reçû ces Contrebandiers appellans, & ordonné par provision qu'ils seroient détachez de la Chaîne, sous prétexte qu'ils étoient domiciliez, quoiqu'ils n'eussent point consigné dans le mois du jour de la prononciation des Sentences dont étoit appel, chacun trois cens livres, à compte des amendes ausquelles ils avoient été condamnez en conformité des Réglemens, le Conseil a ordonné que les Sentences de l'Election de Beauvais des 29. Avril & 3. Juin 1737. & 10. Février 1738. qui ont condamné lesdits Contrebandiers chacun en l'amende de mille livres, & converti lesdites amendes en la peine des Galeres, seroient exécutées selon leur forme & teneur; ordonne en outre que ledit Arrêt du 13. Mai sortira son plein & entier effet, à ce faire le Greffier des Prisons de la Conciergerie contraint par corps.

Nota. Cet Arrest est intervenu sur le refus fait par le Greffier des Prisons de la Conciergerie, de remettre les Prisonniers à l'Huissier, porteur de l'Arrest du 13. Mai, pour être conduits & attachez à la Chaîne, sous prétexte des deffenses faites par M. le Procureur Général, audit Greffier de les laisser sortir des Prisons.

Du 24. Juin 1738.

* Arrest du Conseil qui ordonne que les Draps appellez Nims, fabriquez dans la Province de Languedoc, & destinez pour les Echelles du Levant, ne payeront les Droits de sortie du Royaume qu'à raison de trente sols du cent par an, comme les Draps Londrins premiers, ou Londres larges, & Londrins seconds; à la charge par ceux qui fabriqueront desdits Draps, de prendre au Bureau de sortie de ladite Province un acquit à caution, portant soumission de rapporter un Certificat des Receveur & Contrôleur au Bureau du poids & casse, établi dans la Ville de Marseille, portant que lesdits Draps ont été embarquez au Port de ladite Ville pour les Echelles du Levant.

Du 24. Juin 1738.

* Arrest du Conseil, qui en interprétant l'Edit des même mois & an, portant attribution au Grand-Conseil de la connoissance des contraventions aux Réglemens concernant l'introduction des Toiles & Etoffes prohibées, conserve au sieur Lieutenant Général de Police de la Ville de Paris, & aux Sieurs intendans & Commissaires départis dans les Provinces & Généralitez du Royaume, celles au sujet du port & usage desdites Toiles & Etoffes prohibées, ainsi que les commissions & attributions particulieres faites à quelques Intendans & Commissaires du Conseil, en vertu des Arrests d'icelui, des 1. Février 1724. 25. Mai & 14. Septembre 1738. 16. Septembre 1732. 31. Mars 1733. & 15. Avril 1738. au sujet de la Contrebande, Faux-Saunage, &c.

Du 24. Juin 1738.

Arrest du Conseil, qui commet M. l'Intendant de la Généralité de Moulins, pour instruire & juger souverainement & en dernier ressort toutes les affaires criminelles qui sont survenuës ou qui surviendront dans l'étenduë de ladite Généralité, à l'occasion du commerce du Tabac de contrebande, de l'introduction & débit des Indiennes & autres Marchandises prohibées, & du commerce du faux Sel, lorsque les attroupemens seront au-dessus du nombre de cinq avec armes, ou sans armes, à pied ou à cheval, & dans le cas de violences avec des armes, en si grand & petit nombre que soient lesdits Contrebandiers & Faux-Sauniers, soit que les violences soient commises contre les Commis des Fermes, Cavaliers de Maréchaussées, ou détachemens de Troupes, chargés d'ordres pour arrêter lesdits Faux-Sauniers, Fraudeurs, ou Contrebandiers, soit que lesdites violences soient faites à des gens domiciliés, pour se procurer des retraites ou des vivres; évoque les procédures qui pourroient avoir été commencées pour raison de ce en quelques Jurisdictions que ce soit, & icelles circonstances & dépendances, a renvoyé & renvoye pardevant lesdits Sieurs Commissaires départis, pour être le tout par lui jugé souverainement & en dernier ressort, lui attribuant à cet effet toute Cour, Jurisdiction & connoissance, icelle interdisant à toutes ses Cours & autres Juges.

Du 28. Juin 1738.

* Réglement du Conseil, concernant les procédures qui doivent y être observées. *Distribué en deux parties, dont la premiere contient dix titres, & la seconde dix-sept.*

Du 28. Juin 1738.

* Réglement, concernant la procédure que Sa Majesté veut être observée pour l'instruction des affaires renvoyées devant des Commissaires nommez par Arrests de son Conseil, *contenant dix-huit Articles.*

Du 28. Juin 1738.

* Arrest du Conseil, qui régle la Police qui doit être observée pour la vente du Poisson de Mer, au Mainque ou Bureau du Frais-pêché de la Ville de Calais, *contenant trente-un Articles.*

Du premier Juillet 1738.

* Arrest du Conseil, pour la prise de possession du Bail des Fermes générales unies, sous le nom de Jacqus Forceville, pendant six années, à commencer du 1. Octobre 1738. pour les grandes & petites Gabelles, Droits manuels sur les Sels, Gabelles des trois Evêchez, Domaines & Gabelles de Franche Comté, & Droit de rehaussement sur les Sels dans ladite Province, cinq grosses Fermes, Droits sur les Huiles & Savons, Aydes, Entrées de Paris, Impôts & Billots & Formules de Bretagne; marque d'or & d'argent, marque des fers, formules dans les Pays où les Aydes ont cours, Domaine, Barrage & Poids-le-Roi aux Entrées de Paris, Jauge & Courtage, Courtiers-Jaugeurs, Inspecteurs aux Boucheries & Boissons, droits sur les Suifs à Paris, & pour la Ferme du Tabac: & au 1. Janvier 1739. pour les Domaines de France, Contrôle des Exploits, Domaines de Flandres, Haynault, Artois, Alsace, Principauté d'Orange, & Duché de Châteauroux, Contrôle des Actes, Sceaux & insinuations Laïques, Greffes, Amortissemens, Franc-Fiefs, Formules dans les Provinces où les Aydes n'ont point cours, nouvelle Formule des Notaires de Paris, Droits réservez dans les Cours & Jurisdictions du Royaume, Gages intermediaires, Domaine d'Occident en France, Droits casuels réunis au Domaine, & autres Droits compris au Bail dudit Forceville, deux & quatre sols pour livres de ceux de tous lesdits droits qui y sont sujets.

Permet audit Forceville & à ses Sous-Fermiers de se servir des Timbres actuellement en usage.

Dispense les Employez qui ont prêté serment pendant les précédens Baux & Sous-Fermes, de le prêter de nouveau; leur permet de verbaliser dans le ressort des Jurisdictions où ils pourront se trouver; deffend aux Juges d'annuller leurs Procès verbaux, sous prétexte que leurs noms ne se trouveroient point inscrits dans un Tableau déposé au Greffe de leur Jurisdiction.

Permet audit Forceville & à ses Sous-Fermiers, d'entretenir ou de résilier les Baux à loyer des maisons & greniers; ensemble les abonnemens, traitez & marchez qui peuvent avoir été ci-devant faits par les précédens Fermiers & Sous-Fermiers de partie desdites Fermes & Droits.

Régle les Droits d'enregistrement dudit Arrest, & ceux de réception & prestation de serment des Employez; & ordonne que les Réglemens rendus au profit des précédens Fermiers seront exécutez en faveur dudit Forceville & de ses Sous-Fermiers, comme s'ils avoient été rendus sous leurs noms.

Du premier Juillet 1738.

Arrest du Conseil, qui permet au sieur Chataignier, Capitaine du Navire la Dauphine, de faire le déchargement au Port de Bordeaux, des Marchandises qu'il a embarquées à Léoganne, & par grace décharge le sieur Theodore la Croix, Proprietaire & Armateur dudit Navire, de la soumission par lui faite au Greffe de l'Amirauté de la Rochelle, d'où le Navire est parti pour S. Domingue, & des peines portées par l'article II. des Lettres Patentes du mois d'Avril 1717. servant de Réglement pour le Commerce des Isles Françoises de l'Amérique.

Du premier Juillet 1738.

Arrest du Conseil, qui déboute les nommés Jean Nicolet, Marchand à Cherbourg, & Paul le Terrier, Maître de Barque, de leur opposition à l'exécution de celui du 22. Avril 1738. par lequel en cassant celui de la Cour des Comptes, Aydes & Finances de Rouen, du 28. Février précédent, pour avoir fait main-levée de sept mille quatre-vingt-dix livres de vieux Linge & vieux Drapeaux, servant à faire du Papier, excédant la déclaration par eux faite & sur eux saisis au Bureau de Cherbourg, a prononcé la confiscation desdites Marchandises, & a condamné lesdits Nicolet & Terrier en trois mille livres d'amende; & ordonne que ledit Arrest du 22. Avril 1738. sera exécuté selon sa forme & teneur.

Du premier Juillet 1738.

Arreſt du Conſeil, qui évoque les pourſuites faites par les nommés Huet, Garçon Epicier, & Marlot Marchand Mercier, en conſéquence d'une Sentence de Police du 25. Avril 1738. par laquelle le Fermier a été condamné à leur rendre & reſtituer pluſieurs piéces d'Etoffes retenuës par l'Inſpecteur Général des Manufactures au Bureau de la Douanne, pour ne s'être pas trouvées plombées ni marquées, en conformité des Réglemens des 30. Juin 1733. & 30. Janvier 1734. & aux dépens, & ce ſous prétexte qu'il n'avoit point été repreſenté de procès verbal de ſaiſie, quoique l'Inſpecteur ne ſoit pas dans l'uſage d'en dreſſer dans ce cas; deffend de procéder ailleurs qu'au Conſeil, & de mettre ladite Sentence à exécution, à peine de nullité, caſſation de procédures, & de tous dépens, dommages, intérêts.

Du premier Juillet 1738.

Arreſt du Conſeil, qui déboute Laurent Machelart, Maître de Forges, de l'appel par lui interjetté d'une Ordonnance du ſieur de Sechelles, Intendant du Haynault, du 14. Octobre 1737. par laquelle il a été condamné en cent livres d'amende, & à la confiſcation de cinq mille cinq cens livres de Fer, enſemble des Chevaux & Charettes ſervant à les conduire, le tout ſaiſi par les Employez des Fermes du Bureau de Trelon, ſur les nommez Philippes Daurant, & Jean Jannequin, Voituriers dudit ſieur Machelart, pour avoir paſſé le premier Bureau de la route ſans avoir fait viſer l'Acquit à caution, dont leſdits Voituriers étoient porteurs.

Du premier Juillet 1738.

* Arreſt du Conſeil, qui proroge pour un an, à compter du 15. Octobre 1737. juſqu'à pareil jour 1739. les diſpoſitions portées par celui du 23. Septembre 1732. & en conſéquence ordonne que les Bleds, Fromens, Méteils, Seigles, Orges,

Baillarges & autres grains, Farines & Légumes qui passeront des Provinces des cinq grosses Fermes dans les Provinces réputées étrangeres, & des Provinces réputées étrangeres, dans celles des cinq grosses Fermes, seront & demeureront exempts de tous Droits d'entrée & de sortie, Droits locaux, Droits d'aydes, & autres généralement quelconques, qui se perçoivent au profit du Roi, même des Droits d'Octroi appartenans aux Villes, lorsque lesdits Grains, Farines & Légumes ne seront que passer par lesdites Villes, & n'y seront point consommez; à la charge par ceux qui feront transporter lesdits Grains, Farines & Légunes, soit par eau ou par terre, de déclarer aux Bureaux d'entrée & de sortie la quantité & qualité desdites Graines & Légumes, ainsi que le lieu de la destination, & d'en souffrir la visite par les Commis desdits Bureaux, à peine de cinq cens livres d'amende & de confiscation desdits Grains, Farines & Légumes, en cas de fausse déclaration, ou faute d'en avoir fait; permet à tous Négocians, Marchands ou autres de transporter & faire des envois de Grains, Farines & Légumes d'un Port du Royaume dans un autre Port du Royaume, même dans les Ports de Provence, à l'égard desquels les Arrests des 8. Juillet 1732. 11. Août 1733. 17. Août 1734. 26. Juillet 1735. 17. Juillet 1736. 16. Juillet 1737. & celui de ce jour, concernant la Provence seront exécutez, à condition par les Marchands, Négocians ou autres, de donner au Sr. Intendant de la Province, de laquelle se fera l'envoi, une déclaration de la quantité & de la qualité desdites Grains, Farines & Légumes qu'ils voudront faire sortir pour une autre Province du Royaume, & de faire leur soumission pardevant le Sr. Intendant, de rapporter au plustard dans trois mois un Certificat de la Décharge desdits Grains, Farines & Légumes dans le lieu qui aura été déclaré, à peine de cinq cens livres d'amende, & contraints de payer la valeur desdits Grains, Farines & Légumes; & encore à la charge de se conformer aux différens Réglemens faits dans lesdites Provinces, concernant le transport desdits Grains sous les peines y contenuës.

Du premier Juillet 1738.

* Arrest du Conseil, qui permet pendant un an, à compter du 15. Septembre 1738. sans qu'il soit besoin de permissions particulieres aux Marchands & Habitans, tant de Provence que des autres Provinces du Royaume, de faire voiturer dans celle de Provence des Grains des autres Provinces, à la charge seulement par ceux qui feront passer des Grains en Provence pendant ledit tems de faire pardevant les Sieurs Intendans ou leurs Subdeleguez, déclaration de la quantité de Grains qu'ils feront transporter dans ladite Province, & leur soumission de rapporter la preuve du déchargement qui y aura été fait desdits Grains; ordonne que tous les Grains, Farines ou Légumes qui seront voiturez & conduits en Provence, soit par Mer, par les Rivieres ou par Terre, seront exempts tant des Droits des Fermes du Roi, que de tous Droits locaux, de travers, Péages, Passages, Pontonnages, Coûtumes & autres de toute nature, soit qu'ils appartiennent à des Villes & Communautez, ou à des Seigneurs Ecclésiastiques ou Laïques; & deffend à tous Receveurs, commis & préposez à la perception desdits Droits, d'en exiger aucun, à peine de concussion & de restitution du quadruple, même d'être poursuivis extraordinairement.

Du 12 Juillet 1738.

* Arrest du Conseil, qui maintient les Huissiers & Sergens des Amirautez dans le Droit & possession d'exploiter par tout le Royaume, & de mettre à exécution toutes Lettres Patentes, Arrests, Sentences & Jugemens & tous Actes de Justice, de quelques Cours & Jurisdictions qu'ils soient émanez, & ce en vertu du serment par eux prêté dans les Siéges d'Amirauté où ils ont été reçûs, avec deffenses de les y troubler, à peine de mille livres d'amende, & de tous dépens, dommages & intérêts.

Du

Du 12. Juillet 1738.

* Arrest du Conseil, qui casse & annulle toutes les Lettres de Brouettiers & Camionniers, expédiées en l'Amirauté de Caën, & ordonne que lesdits Brouettiers-Camionniers travailleront librement comme par le passé.

Du 12. Juillet 1738.

* Ordonnance des Bailly, Bourguemaistres & Echevins de Dunkerque, portant que les Huitres françoises & étrangeres qui seront apportées à Dunkerque, seront venduës librement, & ne seront point portées au Mainque, ni assujetties au Droit de sol pour livre.

Du 15. Juillet 1738.

* Ordonnance du Roi, qui proroge pour six années, à compter du 4. Août 1737. l'exemption accordée aux Navires Marchands destinez pour la Loüisiane, d'y porter des Engagez & Fusils.

Du 18. Juillet 1738.

Arrest de la Cour des Aydes de Paris, qui confisque au profit de Nicolas Desboves, Adjudicataire des Fermes générales unies, les Tabacs, Chevaux, Chaise & Equipages saisis sur les nommés Nicolas Labetoux, & Jean-François Huyart, par procès verbal du 24. Décembre 1737. condamne lesdits Labetoux & Huyart solidairement en l'amende de mille livres. Permet à Jean-Antoine Prazine de faire preuve pardevant les Officiers de l'Election de S. Quentin, commis à cet effet, comme il n'a aucune part à la fraude, & que ce n'est qu'accidentellement qu'il a loüé un des trois Chevaux ausdits Labetoux & Huyart, pour aider à conduire leur Chaise, faute d'en avoir trouvé un autre à loüer; pour ladite preuve faite & rapportée, être par ladite Cour ordonné ce que de raison, & audit Desboves la preuve au contraire; & deffend aux Officiers de l'Election de Guise, & à tous autres d'obliger le Fermier de prendre la voie extraordinaire lorsqu'il ne s'agira que de simple amende pécuniaire, & que la demande aura été introduite par la voie civile.

Du 26. Juillet 1738.

* Arrest du Conseil, portant Réglement pour les Parcs & Pêcheries qui sont sur les Grêves de l'Amirauté de Vannes, *contenant seize Articles.*

Du premier Aoust 1738.

* Arrest du Conseil, qui ordonne que les anciens sols, & les piéces dites de trente deniers, n'auront plus cours que pour dix-huit deniers, & les demis à proportion. Régle la quantité d'espéces de billon qui pourra entrer dans les payemens; & renouvelle les deffenses d'en exposer & recevoir de fabriques étrangeres.

Du 5. Aoust 1738.

Arrest du Conseil, qui liquide à la somme de trente-cinq mille livres l'indemnité dûë à M. Nicolas Desboves, Adjudicataire des Fermes générales unies, pour la non-joüissance des droits sur les Huiles de Poisson, provenant de la pêche françoise, & arrivées dans le Royaume, pendant la cinquiéme année de son Bail; & ordonne que pour le montant de ladite somme de trente-cinq mille livres, il sera expedié audit Desboves une Ordonnance de comptant sur le Garde du Trésor Royal en exercice, laquelle sera convertie en une quittance comptable en déduction du prix de son Bail.

Du 12. Aoust 1738.

Arrest du Conseil, qui commet M. le Pelletier de Beaupré, intendant de la Province de Champagne, pour informer & juger souverainement & en dernier ressort, le procès aux nommez Charles Buqnot, Louis Bulat, Pierre Varlet & Michel

Dommartin, Sous-Brigadier & Employés de la Brigade Ambulante des Fermes à Reims, pour raison des violences par eux commises la nuit du 17 au 18 Juillet 1738. en la personne du sieur Chevalier de Mouys, Lieutenant au Régiment de Bourbonnois, &c.

Du 12. Aoust 1738.

Arrest du Conseil, qui ordonne que les Cautions de Pierre Carlier rendront au nommé Jacques Boulet, Négociant à S. Martin en l'Isle de Ré, une somme de sept cens quatre-vingt-seize livres, provenant de la vente faite de ses meubles pour le payement de partie des droits par lui dûs sur quatre-vingt Barils de Cabillau venus de Dannemarck, qu'il ne prétendoit acquitter qu'à raison de trente-trois sols quatre deniers par cent pesant, suivant le Tarif arrêté en *1699.* avec la Hollande, au lieu de douze livres du cent pesant dûs, suivant l'Arrest du 4. Octobre 1691. & dont quarante-huit Barils & demi ont été gâtez dans le Magazin du Fermier.

Nota. La restitution ordonné par cet Arrest paroît être fondée sur la perte que ce Négociant a faite de partie de sa Marchandise.

Du 12. Aoust 1738.

Arrest du Conseil, qui deffend la sortie hors du Royaume de la graine de Lin, Colzat, Navette & autres servant à faire de l'Huile, à peine de confiscation, & de cinq cens livres d'amende.

Du 13. Aoust 1738.

* Réglement du Roi, pour la Police qui doit être observée dans l'Hôpital Militaire de Bourbonne-les-Bains, *contenant dix-huit articles*, dont le treiziéme deffend aux Cavaliers, Dragons & Soldats qui seront audit Hôpital, de faire aucun trafic de Sel, de Tabac, ou autres Marchandises, même de celles dont le Commerce est permis, à peine d'être arrêtez & punis suivant la rigueur des Ordonnances.

Du 17. Aoust 1738.

* Arrest du Conseil, qui, en interprétant celui du 4. Juin 1738. ordonne qu'à l'avenir il sera perçû par le Commis préposé à la marque des Toiles dans les Bureaux établis dans les Villes de Quintin, d'Uzel & de Loudeat, un sol pour chaque piéce de Toile de vingt aunes de longueur, & au-dessus, qui y sera visitée & marquée, & six deniers seulement pour chaque petite piéce ou coupon desdites Toiles, contenant depuis quatre, cinq, & jusqu'à dix-neuf aunes de longueur, pour en être le produit employé conformément à ce qui est prescrit par ledit Arrest du 4. Juin 1738.

Du 17. Aoust 1738.

* Arrest du Conseil, qui ordonne qu'il sera établi un Bureau dans chacune des Villes de Fougeres & de la Guerche, dans lesquels les différentes sortes de Toiles qui se fabriquent dans lesdites Villes & aux environs seront portées pour y être visitées & marquées en la forme prescrite par ledit Arrest.

Et que lesdites Toiles, qui, après avoir été visitées & marquées dans l'un desdits Bureaux, seront transportées, soit à Rennes, à Nantes ou à S. Malo, y seront de nouveau visitées dans les Bureaux qui y sont établis, & marquées d'une marque portant ces mots, contrôle, &c. *contenant dix articles.*

Du 17. Aoust 1738.

* Arrest du Conseil, qui en interprétant les Articles VIII. XIII. & XVI. du Réglement du 7. Février 1736. pour les Toiles appellées Bretagnes, qui se fabriquent dans la Province de Bretagne ordonne qu'à l'avenir les Fabriquans & Tisserands seront dispensez de laisser aux petites piéces ou coupons desdites Toiles qui contiendront depuis quatre, cinq, & jusqu'à dix-neuf aunes de longueur, le peigne ou pêne de la chaîne, sans être tramé ni noüé par portées, ordonné par ledit Article VIII. & que lesdites petites piéces ou coupons seront marquez à l'un

des bouts seulement, tant de la Marque du Fabriquant & Tisserand, prescrite par ledit article XIII. que de la Marque de visite ordonnée par ledit article XVI. &c.

Du 19. Aoust 1738.

Arrest du Conseil, qui en casse un de la Cour des Aydes de Paris, du 30. Avril 1738. pour avoir reçu le nommé Pierre Touzet du Village de Talmas, appellant d'une Sentence de l'Election de Doulens du 27. Mars 1738. & ordonné qu'il seroit transferé du Château de la Tournelle, où il étoit, pour être attaché à la Chaîne, quoiqu'il n'eût point consigné la somme de trois cens livres à compte de l'amende de mille livres prononcée contre lui, par autre Sentence du 7. Novembre 1737. Ordonne l'exécution desdites Sentences, par lesquelles il a été condamné en mille livres d'amende, convertie en la peine des Galeres, faute d'avoir payé ladite amende, dans le mois du jour de la prononciation, pour avoir été surpris & arrêté à la porte de la Ville de Doulens, conduisant une Charrette chargée de Bûches creusées & remplies de carottes de faux Tabac.

Du 19. Aoust 1738.

Arrest du Conseil, qui ordonne, conformément à l'article XXXVII. du titre commun pour toutes les Fermes, de l'Ordonnance de 1681. que pour être les Parties réglées de Juges, entre les Officiers du Grenier à Sel & ceux de la Jurisdiction des Exempts de Laval, pour raison de l'Assassinat commis par plusieurs Habitans de ladite Ville, en la personne d'un Lieutenant & de deux Employés des Gabelles, de la Brigade ambulante de S. Jean sur Mayenne, qui s'en retournoient de Laval, où ils s'étoient rendus de l'ordre de leur Capitaine, pour les fonctions de leurs Emplois; les informations faites, tant par les Officiers dudit Grenier à Sel, que par le Juge des Exempts de ladite Ville, seront envoyées au Greffe du Conseil, & cependant, que l'instruction du Procès commencé par les Officiers du Grenier à Sel de Laval, fera par eux continué jufqu'à jugement définitif exclufivement.

Du 19. Aouft 1738.

Arreft du Confeil, qui déboute Jean-Baptifte Boutée, Marchand, demeurant à Baine dans le Haynault, de l'appel par lui interjetté d'une Ordonnance de Mr. de Sechelles, Intendant de la Province du Haynault, du 26. Mars précedent, qui prononce au profit de Nicolas Desboves, Adjudicataire des Fermes unies, la confifcation de quatre milliers de Fer venans de l'Etranger, & qui n'avoient acquitté les Droits de fortie de l'ancienne France, pour paffer dans le Pays conquis, que comme Fers fabriqués dans le Royaume; enfemble douze Chevaux & deux Chariots faifis fur ledit Boutée, & trois cens livres d'amende; & ordonne que ladite Ordonnance fera exécutée felon fa forme & teneur.

Du 19. Aouft 1738.

Arreft du Confeil, qui liquide à la fomme de trois cens onze mille quatre cens huit livres onze fols quatre deniers, le rembourfement dû à Nicolas Desboves, Adjudicataire des Fermes génerales unies, pour le montant des Droits des Marchandifes & autres effets entrés & fortis du Royaume, ou paffés en franchife dans les différentes Provinces, & mentionnés aux Paffeports qui en ont été expediés par les Ordres de Sa Majefté, pendant la cinquiéme année de fon Bail, commencée le premier Octobre 1736. & finie au dernier Septembre 1737.

Du 19. Aouft 1738.

Arreft du Confeil, qui ordonne, que par le Garde du Tréfor Royal en exercice, Nicolas Desboves, Adjudicataire des Fermes générales unies, fera rembourfé de la fomme de trois cens vingt-deux mille deux cens foixante-huit livres trois fols quatre deniers, à quoi montent les payemens faits des deniers de la cinquiéme année de fon Bail, pour fupplément des rentes des Paroiffes de Paris, Verfailles, Marly & S. Germain en

Laye; indemnités des reductions faites des nouvelles rentes desdites Paroisses de Paris, sur les Aydes & Gabelles, & sur les Tailles; Remédes fournis par le Sr. Helvetius Médecin, & envoys d'iceux dans les Provinces; Ouvrages, Constructions & réparations de Bureaux & autres lieux dépendans de la Ferme génerale; diverses dépenses pour l'utilité des Manufactures; Droits accordés à la Ville de Lyon sur les Etoffes étrangeres; Rentes sur les dépôts des Sels à Rouen; Péages sur les Sels destinés pour la Savoye; confection des Estats du Roy des petites Gabelles & autres; gratification ou augmentation de salaires à la Communauté des Mesureurs au Grenier à Sel de Paris; appointemens des Commis du Bureau des Tarifs & Impressions pour ledit Bureau, & autres dépenses mentionnées audit Arrest; à l'effet dequoi il sera expedié audit Desboves une Ordonnance de comptant de ladite somme de trois cens vingt deux mille deux cens soixante-huit livres trois sols quatre deniers, sur ledit Garde du Trésor Royal en exercice, lequel donnera en payement audit Desboves sa quittance comptable, sur le prix de la cinquiéme année de son Bail; & que l'état desdites dépenses, ensemble les pieces justificatives d'icelles, au nombre de 692. cottées & paraphées par premiere & derniere, seront remises au Greffe du Conseil, pour être le tout annexé à la minute dudit Arrest.

Du 19. Aoust 1738.

Arrest du Conseil, qui commet Mr. le Nain, Intendant en Poitou, pour informer, instruire & juger souverainement & en dernier ressort, le Procès aux nommés Jacques Montainville, René Anglomier, Julien Guerné & Julien Benoist, Lieutenant & Employés dans la Brigade des Fermes, établie à S. Laurent sur Seurre, pour raison du Meurtre par eux commis le 23. Juillet précedent, près la Métairie de Coustaud, Paroisse de Treizevent en Poitou, en la personne du sieur de la Guichardiere Gentilhomme, &c.

Du 19. Aoust 1738.

Arrest du Conseil, qui commet Mr. de Vanolles, Intendant du Comté de Bourgogne, pour continuer, suivant les derniers erremens, l'instruction du Procès criminel intenté contre André Martin de la Ville de Marseille, ci-devant Commis du sieur Mauvaiset, Controlleur géneral des Fermes en Franche-Comté; Esprit-Ignace Beaucier de S. Just, aussi de Marseille, Capitaine géneral des Fermes à Jussey, & Pierre Genouvés de Toulon, ci-devant Capitaine des Fermes à Toulon, à l'occasion du dessein formé par ces trois Employés, d'assassiner ledit sieur Mauvaiset, en haine de ce qu'il leur avoit fait des reproches, & revoquer de leurs Employs pour concussions, & malversations par eux commises, &c.

Du 19. Aoust 1738.

Arrest du Conseil, portant que les Paroisses de S. Martin de Peyré & de Chambon; ensemble les Villages & Hameaux en dépendans, qui sont actuellement partie de la Province de Xaintonge reputée étrangere, seront à l'avenir reputés faire partie de celle d'Aunix, dont elles sont entourées, & ce, quant aux Droits des cinq grosses Fermes seulement, sans y comprendre les Droits de la Ferme des Aydes qui s'y percevront en la maniere accoutumée; à l'effet dequoi les Habitans desdites Paroisses & dépendances, pourront librement commercer dans le pays d'Aunix, en prenant les expeditions ordinaires aux Bureaux, comme il se pratique par les autres Habitans de ladite Province d'Aunix, dans les cas prescrits par les Ordonnances des Fermes, avec faculté au Fermier de faire proceder aux Inventaires des Vins qui se recueilleront, tant dans lesdites deux Paroisses & dépendances, que dans celles des quatre lieuës limitrophes, & aux visites nécessaires pour en vérifier l'enlevement, conformément aux articles Ier. & IX. du titre VII. de l'Ordonnance de 1687.

Du 26.

Du 26. Aoust 1738.

Arrest du Conseil, qui casse & annulle une Sentence de l'Election d'Amiens du 13. Mars 1738. par laquelle le nommé Charles Motté, Manouvrier de la Ville de Landrecy, a été reçu opposant à celle du 14. Novembre 1737. qui le condamne en mille livres d'amende, & en la confiscation de cent vingt livres de Tabac de fraude, trouvé dans une Charette creuse, arrêtée avec lui à la Barriere de Corbie; & commet le Sr. Intendant de Picardie pour faire droit en dernier ressort sur la Requeste présentée à l'Election d'Amiens, par Nicolas Desboves, Adjudicataire des Fermes générales unies, tendante à la conversion de ladite amende en la peine des Galeres, faute d'avoir payé ladite amende dans le mois du jour de la signification de la Sentence du 14. Novembre 1737.

Du 26. Aoust 1738.

Arrest du Conseil, qui déboute les nommés Jean Girard, Maître du Bateau le St. Yves, & Jean le Gallais Marinier, du Bourg de St. Servan, de l'opposition par eux formée à celui du 22. Octobre 1737. portant confiscation au profit de Nicolas Desboves, Adjudicataire des Fermes générales unies, des cent quinze Balots de chiffes ou vieux Linges, pesant quatorze mille cinq cens livres, saisis le 22. Janvier précedent sur lesdits Girard & le Gallais, & dudit Bateau le Saint Yves, faute de s'être conformés à l'article XI. du titre II. de l'Ordonnance de 1687. par lequel il est défendu aux Maîtres des Vaisseaux & Bâtimens, d'y recevoir aucune Marchandise sans Congé du Fermier, & de se mettre en Mer ou sur les Rivieres, sans avoir en main les Acquits de payement des Droits, ou à Caution, à peine de confiscation de leurs Marchandises & de deux cens livres d'amende.

Du 26. Aoust 1738

Arrest du Conseil, qui déboute les héritiers des Sieurs Charles Rouffin & Henry Rongier, Marchands en la Ville de Marfeille, de leurs demandes & prétentions envers les Cautions d'Aymard Lambert, ci-devant Adjudicataire des Fermes générales unies, à l'occafion des dommages intérêts & dépens à eux adjugés contre ledit Lambert, réfultans de la main-levée par eux obtenue à la Cour des Aydes de Provence, le 28. Juin 1720. d'une faifie faite à la Foire de Beaucaire, tenuë en l'année 1719. d'une partie de Savon excedant la déclaration faite par lefdits Rouffin & Rongier.

Du 26. Aouft 1738.

* Arreft du Confeil, qui permet pendant trois ans aux Négocians François qui font le commerce des Ifles & Colonies Françoifes de l'Amérique, d'envoyer leurs Vaiffeaux directement en Irlande, pour y acheter, non-feulement des Bœufs & Chairs falées, mais auffi des Saumons falés, Beurres, Suifs & Chandelles, & de-là les tranfporter en droiture fur les mêmes Vaiffeaux aufdites Ifles & Colonies Françoifes, en faifant les foumiffions requifes; dérogeant à cet effet à l'article XI. des Lettres Patentes du mois d'Avril 1717.

Du 26. Aouft 1738.

* Arreft du Confeil, qui caffe une Sentence des Officiers de l'Election de Lyon, & leur défend & à tous autres, de faire aucunes vifites chez les Débitans & dans le Bureau général de la Ferme du Tabac, à moins qu'ils n'en foient requis par le Fermier ou fes Commis ou par les Acheteurs du Tabac.

Du 26. Aouft 1738.

Arreft du Confeil, qui avant faire droit fur la Requefte de Nicolas Desboves, Adjudicataire des Fermes générales unies, tendante à la caffation de celui de la Cour des Aydes de Dijon du 28. Février 1738. portant caffation d'une Sentence du Juge des Traittes de Nantua du 22. Aouft 1736. qui avoit prononcé la confiscation de trente-trois douzaines de Fromages de Chévre, & huit livres de Beurre saisis le 22. Juillet précedent, sur les nommés Jean-Baptiste Regaro, Jean-François Gautier, & Pierre Lison, Négocians de la Vallée commune de Mijoux, trouvés sur le chemin de Gex à Genêve, où ils portoient ces Denrées, & trois cens livres d'amende contre lesdits Regaro, Gautier & Lison, faute de payement des Droits de sortie; ordonne que Mr. le Procureur géneral de ladite Cour des Aydes de Dijon, envoyera à Mr. le Controlleur géneral des Finances, les motifs de l'Arrest de ladite Cour, pour iceux vûs & examinés, être par Sa Majesté ordonné ce qu'il appartiendra.

Du 26. Aoust 1738.

Arrest du Conseil, qui commet Mr. le Nain, Intendant de la Géneralité de Poitiers, pour instruire & juger souverainement & en dernier ressort, le Procès aux nommés, Brean & Diamel, Gardes de la Brigade de la Barre de Mont, & au nommé Crespin, Garde de la Brigade du Tabac, demeurant à Beauvoir; ensemble aux autres Complices & Participes de l'Assassinat commis le 11. May précedent, en la personne des nommés Jacques Texier, Passager à l'Espoix, & de Jean Briaud.

Du 26. Aoust 1738.

Arrest du Conseil, portant que le sieur de Barillon, Receveur géneral du Droit de demi pour cent, perçu pendant l'année 1733. sur les Marchandises venant des Isles & Colonies Françoises de l'Amérique, remettra au Trésor Royal une somme de quarante mille livres à compte du produit dudit Droit, pour être ladite somme employée, ainsi qu'il sera ordonné par Sa Majesté.

Du 26. Aoust 1738.

Arrest du Conseil, qui évoque & renvoye au Grand Conseil, les Procedures commencées, tant en l'Election de Rouen, qu'en toutes autres Jurisdictions que ce soit, pour raison de la rebellion faite aux Employés des Fermes de la Brigade de Rouen, à l'occasion d'une saisie de quatorze Balots de faux Tabac, & de sept Cavales, trouvés, tant dans l'Auberge du Gros Chêne, Paroisse d'Isneauville, près Rouen, qu'aux environs, dans laquelle rebellion plusieurs Employés ont été blessés, & deux Contrebandiers tués, pour être le Procès fait & parfait, aux Auteurs & Complices, tant de la fraude, que de la rebellion, circonstances & dépendances.

Du 2. Septembre 1738.

* Arrest de la Cour des Aydes de Montauban, qui permet à Jacques Forceville, Adjudicataire des Fermes generales unies, de s'en mettre en possession au premier Octobre 1738. & dispense les Employés de prêter nouveau Serment, à la charge par ledit Forceville de faire enregistrer son Bail dans le courant du mois de Novembre suivant.

Du 4. Septembre 1738.

* Arrest de la Cour des Aydes, qui infirme une Sentence des Officiers de l'Election de Saint Quentin, du 16. Avril 1738. qui avoit déclaré nulle l'assignation donnée un Dimanche, par un Procès-verbal de saisie faite en Campagne, le 2. Mars audit an, de sept livres sept onces de Tabac de contrebande, & douze livres de Sel gris, sur Jean Merlier; confisque le Cheval, les Sel & Tabac saisis, & condamne ledit Merlier en mille livres d'amende & aux dépens.

Du 5. Septembre 1738.

* Arrest de la Cour des Aydes, qui ordonne, qu'en attendant l'enregistrement du Bail fait à Jacques Forceville, des Fermes generales unies, ledit Forceville sera mis en possession des Bureaux, servant actuellement à la régie & perception des Droits dépendans desdites Fermes, avec faculté d'établir les Commis generaux & particuliers, dont il aura besoin.

Du 6. Septembre 1738.

* Arrest de la Cour des Aydes de Bordeaux, qui défend de construire, faire construire, tenir, transporter, vendre & débiter des Barriques de la jauge Bordeloise de trente-deux Verges ou cent douze Pots, hors des limites de la Sénéchaussée de Guyenne, à peine de confiscation desdites Barriques, & de trois cens livres d'amende; défend pareillement de charger ou faire charger pour l'Etranger des Vins recueillis hors ladite Sénéchaussée, en Barriques de ladite jauge, à peine de confiscation desdits Vins, & de mille livres d'amende; & enjoint aux Commis & Gardes des Bureaux de Castillon, Libourne, Langon, Bordeaux & de tous autres Bureaux établis sur les bords des Rivieres de Dordogne & Garonne, de faire les visites nécessaires, & de saisir lesdites Barriques pleines ou vuides.

Du 8. Septembre 1738.

* Arrest du Conseil, qui proroge pendant six années, à compter du premier Octobre 1738. la modération à quatre livres quinze sols six deniers par Barriques, du poids de trois cens livres, les Droits d'entrée, d'abord & de consommation, sur les Sardines venant de la Province de Bretagne en Anjou, au lieu de ceux fixés par les Tarifs de 1664. & 1681. sçavoir, pour Droits d'entrée vingt-cinq sols par Barrique de cinq milliers chacune, à raison de dix sols le Baril de deux milliers; pour celui d'abord trente sols par chaque Barrique, du poids de trois cens livres, à raison de dix sols du cent pesant; & pour celui de consommation quarante sols six deniers, à raison de treize sols six deniers aussi du cent par Barrique.

Du 9. Septembre 1738.

* Arrest du Conseil, portant que pendant six années, à compter du premier Octobre 1738. les huiles de Baleine & autres Poissons, provenant de la pêche des Sujets du Roy, seront exemptes des Droits établis par les Edits des mois d'Octobre

1710. Aoust 1714. & par la Déclaration du 21. Mars 1716. sauf à être pourvû à l'indemnité de l'Adjudicataire des Fermes génerales unies, ainsi qu'il appartiendra; à l'effet dequoi ordonne qu'au départ des Navires des Ports du Royaume pour lesdites Pêches de la Baleine, des Moruës & autres Poissons; les Maîtres & Capitaines des Navires feront leurs déclarations aux Bureaux des Fermes & aux Greffes de l'Amirauté, de la destination des Navires pour lesdites Pêches, de laquelle déclaration il leur sera donné un extrait par le Receveur du Bureau des Fermes, sans autres frais que celui du Papier timbré, pour à leur retour de la Pêche, être remise & enliassée au Bureau du départ, dont il sera fourni une ampliation aussi sans frais, laquelle ampliation sera représentée & gardée au Bureau des Huiles, lors de la déclaration qui sera faite, conformément à l'Edit d'Octobre 1710. & à la déclaration du 21. Mars 1716. au lieu de laquelle ampliation il sera par le Receveur du Bureau des Huiles, donné un Passe-avant aussi sans frais, pour le transport desdites Huiles de Baleine, Mouruë & autres Poissons, au lieu de leur destination; avec défense de percevoir aucun Droit sur lesdites Huiles, soit à la consommation dans les lieux de leur arrivée, ou pour aller plus avant dans le Royaume.

Du 9. Septembre 1738.

Arrest du Conseil, qui renvoye aux Officiers de l'Election d'Evreux, la connoissance des fraudes & contraventions aux Ordonnances & Réglemens, concernant la Ferme génerale du Tabac, laquelle leur avoit été interdite par autres Arrests des 15. Juillet & 2. Décembre 1732. &c.

Du 15. Septembre 1738.

* Départemens de Mrs. les Fermiers Géneraux, pour le service des Fermes Royales unies, pendant la premiere année du Bail de Me. Jacques Forceville.

Du 16. Septembre 1738.

Arrest du Conseil, qui commet le Sr. Colleau, Lieutenant Criminel au Châtelet de Melun, & Président de la Commission du Conseil établie à Valence en Dauphiné, pour instruire & juger souverainement & en dernier ressort, le Procès à un Particulier sans aveu, qui prend le nom de Saulnier, & qui s'est dit autorisé par Commission du Fermier, pour faire la recette génerale des Fermes, dans l'étendue de la Direction de Bourg-en-Bresse, lequel sous prétexte de cette prétendue Commission s'est fait remettre les fonds trouvés chez le nommé Gobet Regratier du lieu de Châtillon en Mechailles; évoque & renvoye pardevant ledit Sr. Colleau les procedures qui pourroient avoir été commencées pour raison de ce, en quelque Jurisdiction que ce soit, pour être le tout par lui jugé, conformément aux Arrests du Conseil des 31. Mars & 21. Juillet 1733. portant établissement de la Commission dudit Sr. Colleau, &c.

Du 16. Septembre 1738.

* Bail des Fermes génerales unies fait à Jacques Forceville pour six années, à compter du premier Octobre 1738. pour les grandes & petites Gabelles, cinq grosses Fermes, Droits sur les Huiles & Savons, & Droits y joints, & du Privilége exclusif de la vente du Tabac; & du premier Janvier 1739. pour les Domaines de France, Controlle des Actes, petits Scels, Insinuations, Centiéme denier, Greffes, Amortissemens, Francs-Fiefs, Nouveaux Acquêts & Droits y joints, & du Domaine d'Occident en France, aux prix, charges, clauses & conditions y portées, *contenant six cens deux articles.*

Du 16. Septembre 1738.

Arrest du Conseil, qui casse & annulle trois Sentences de l'Election de Perronne du 8. Juillet 1738. par lesquelles les nommés Michel Noel, Georges Bervial & Pierre Tarlier, ont été reçus opposans à celles des 25. Février & 22. Avril 1738. qui les condamnent chacun en mille livres d'amende, & confiscation des Tabacs sur eux saisis en Campagne; & commet le Sr. Intendant de Picardie, pour faire droit en dernier ressort sur les Requestes de Nicolas Desboves, Adjudicataires des Fermes génerales unies, présentées à l'Election de Perronne les 25. Juin & 5. Juillet derniers, tendantes à ce que les amendes prononcées contre lesdits Noel, Bervial & Tarlier, soient converties en la peine des Galeres, faute de payement desdites amendes dans le mois du jour de la signification desdites Sentences, ou de consignation de trois cens livres à compte pour être reçus appellans.

Du 16. Septembre 1738.

Arrest du Conseil, qui déboute Augustin Terrier, Marchand à Renault en Alsace de sa demande, tendante, à ce qu'il lui soit adjugé mille livres de dommages intérêts, & à être déchargé de l'amende de cent livres contre lui prononcée, à la restitution des Marchandises prohibées sur lui saisies & confisquées, par l'Ordonnance du Sr. le Boucher, Subdelégué géneral du Comté de Bourgogne du 7. Octobre 1737. confirmée par celle de Mr. de Vanolles, Intendant dudit Comté, du 27. Janvier 1738. ordonne que lesdites Ordonnances seront exécutées selon leur forme & teneur.

Du 27. Septembre 1738.

* Arrest du Conseil, en interprétation de celui rendu le 25. Juillet 1733. concernant les Parcs & Pêcheries qui sont sur les Gréves du ressort de l'Amirauté de Quimper; & qui régle la Police qui doit être observée par les possesseurs ou détenteurs des Pêcheries, appellées *Bouchots*, *Gorrets*, ou *Borgnes*, situées sur les deux bords de la Riviere de Landerneau, dans le ressort de l'Amirauté de Brest, *contenant dix articles.*

Du 30.

Du 30. Septembre 1738.

Arrest du Conseil, qui en casse un de la Cour des Aydes du 8. Aoust 1738. par lequel le Sr. Varoquier, Directeur de la Messagerie d'Angers, & le Sr. Sabournin, Controlleur, ont été reçus appellans d'une Sentence de la Jurisdiction des Traittes de la Ville d'Angers du 5. Juillet précedent, par laquelle ils ont été condamnés à payer une provision alimentaire & decretés d'ajournement personnel, pour raison d'une rebellion, dans laquelle un Employé a été blessé, & de la spoliation faite dans le Bureau de la Messagerie, de deux pieces d'Indiennes saisies dans ledit Bureau, sur le nommé Alain Martin, Facteur & Conducteur du Carosse de Voiture de Nantes & Angers; ordonne que sur l'appel interjetté par lesdits Varoquier & Sabournin des plaintes, permission d'informer, information, Sentence de provision & Decrets decernés, les Parties procederont au Grand Conseil, en conséquence de l'Edit du mois de Juin 1738. qui lui attribue la connoissance de toutes les fraudes & contraventions sur l'introduction & débit des Toiles, Etoffes & Marchandises prohibées, avec défense de proceder ailleurs, à peine de nullité, &c.

Du 30. Septembre 1738.

* Arrest du Conseil, qui déboute les Communautés de Guerrande & du Croisic, ainsi que les Estats & Procureur Général Syndic de la Province de Bretagne, de leurs demandes; & ordonne l'exécution de celui du 9. Avril 1718. par lequel les Sels venant du Territoire de Guerrande, après avoir passé le Trépas de St. Nazaire, ont été déclarés sujets au Droit de Quarantiéme dû, dans l'étenduë de la Prévosté de Nantes, qu'elle qu'en soit la destination.

FIN.

Du [illegible]

Arrest du Conseil, qui en casse un de la Cour des Aydes du [illegible] Aoust [illegible] [illegible]

[illegible]

Du [illegible]

Arrest du Conseil, qui [illegible] Com-[illegible]

[illegible]

FIN.

www.ingramcontent.com/pod-product-compliance
Ingram Content Group UK Ltd.
Pitfield, Milton Keynes, MK11 3LW, UK
UKHW022105170726
13837UKWH00003B/1087

9 782329 270135